그림과 스토리로 배우는 히메식 한국어

絵と
ストーリーで学ぶ
hime式
韓国語

✧ 感情が動くから記憶に残る ✧

アンニョンハセヨ？
この本を書いたhimeと申します。
この本を手にとってくださって、カムサハムニダ〜

私が韓国語の勉強を始めて1年たったぐらいの頃のこと。
韓国旅行に行ったときに書店でかわいい絵本を見つけ、
勉強用にと数冊買って帰りました。
子ども向けの絵本なら、文字も少ないし
初級の私にも読めるだろうと思ったのですが……
甘かった〜〜
読み始めてすぐ、知らない単語と表現のオンパレードで速攻挫折しました ㅠㅠ

ネイティブの幼児レベルにすら達していないことに愕然。
すっかり自信をなくしたあの瞬間、未だに忘れられません。

でも、私はテキスト以外で韓国語を楽しみたかった。
絵本とか漫画とか読みたかった。

なので、勉強を始めたばかりの人でも楽しめる、
絵本のような本を作ることにしました！
初級で学ぶ文法だけでおはなしを構成。
5つのお話でメイン文法を1つずつ学び、
1話ずつゆっくりレベルアップする本を目指しました。

おはなしは、全作、私のオリジナルストーリー。
結末が予想できないので、先が気になってつい読んでしまうはず。
脳は、感情が動くと記憶に残りやすいので、
かわいい、おもしろい、ドキドキ、ほっこり……などなど、
いろいろな感情で読んでいただければ効果満点ですよ！

そして今回、音声にもこだわりました！
いわゆるテキストの落ち着いたテンションの音声ではありません。
各おはなしのキャラになりきって演じていただきました！
感情のこもった言葉は、耳にこびりつきます。

さらに、おはなしや文法だけでなく、
ディクテーション（聞いて書く勉強法）もできますので、
楽しみながらもしっかり韓国語の実力がアップできます！
勉強の教材としても、息抜きとしても使っていただける本になっています。

ひとまず、感情フル稼動でストーリーをただただ満喫するところから、
ゆるっと始めていただければ何よりです！

ではでは、楽しんで来てくださいね〜

hime

たのしく
読んでニャ

ニャンだ
ニャンだ

この本の主なとくちょうは2つ！

 1 おはなしを読むごとにレベルUP！

1話ずつ新しい文法を学んでいきます。1話で学んだ文法は2話以降でも使われますので、前のおはなしの時には、まだ見慣れなかった文法も、後半になるにつれて慣れてくるようになっています。

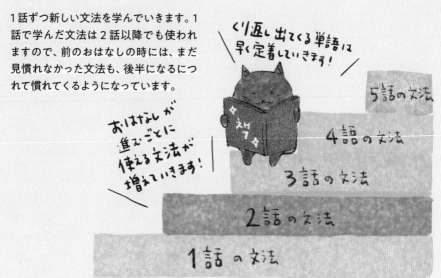

くり返し出てくる単語は早く定着していきます！

おはなしが進むごとに使える文法が増えていきます！

5話の文法

4話の文法

3話の文法

2話の文法

1話の文法

 2 イラストとオリジナルストーリーで脳を楽しませる！

脳は、新しいものに反応し、感情が動くと記憶に残りやすいという性質があります。この性質を利用し、オリジナルストーリーで脳をワクワクさせるようにしました。単調になると脳は飽きてしまうので、イラストのタッチやキャラなども変えています！ お気に入りのキャラが見つかりますように！

무슨 요리 일까?
なんの料理かな？

고양이 초밥집
ねこの おすし屋

서울 타워의 휴일

할아버지의 수건

행복의 모양?

4

この本の効果的な使い方

ひたすらテキストを読んだり単語を覚えたりする、インプット中心の勉強ばかりでは成長を感じることができません。この本では、「読む、聞く、書く」3つの能力を伸ばせるように作りました。下記1〜5の順にやってみてください！ きっと成長を感じられるはずです！

❶ 韓国語だけで おはなしを楽しむ

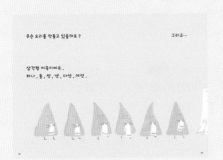

まずは、韓国語の意味を予想しながら、読み進めます。単語の意味などはこの時は調べないでいきます。

❷ おはなしをもう一度楽しみながら 日本語訳をチェック

ストーリーを予想しながら一通り読んだら、次は日本語でじっくりストーリーを楽しみます。予想していた内容と同じかチェックします。

❸ 単語をチェック

わからなかった単語や表現をチェック！ 新しく出合った単語や表現は、語呂合わせなどで覚える工夫をしましょう！ 他のおはなしでも繰り返し出て来る単語も多いので、自然に覚えてしまうものもあると思います。

❹ 文法をチェック

各おはなしで「覚えて欲しい文法」を説明していますので、知らない文法であれば確認を。ここで学んだ文法は、他のおはなしでも出るようにしています。この時はすぐに理解できなくても、たくさん触れていくうちに慣れてくると思います。

❺ 聞いて書く勉強法 （ディクテーション）に挑戦！

おはなしを一通り確認したら、（　）の部分を聞き取って書くことに挑戦してみましょう！ 意外と書けないことにびっくりするかも!? 余裕が出て来たら、1行全部を聞き取って書いてみるのもオススメです。

おはなしの紹介

おはなしのレベルや学べる文法などをまとめました。各おはなしで、メインに学ぶ文法を先に
知っておいてから読むと、その文法に注目でき、理解も早まりますので参考に！

＼おはなし／

이야기 1　レベル★

무슨 요리 일까?　なんの 料理 かな?

学ぶ文法 ： [現在系] **- 이에요/예요** ………… (名詞) です
　　　　　　　　　- 이/가 아니에요 ……… (名詞) ではありません

이야기 2　レベル★★

고양이 초밥집　ねこの お寿司屋

学ぶ文法 ： [現在系] **요체** …… (動詞・形容詞の) です・ます

이야기 3　レベル★★★

서울 타워의 휴일　ソウルタワー の 休日

学ぶ文法 ： [否定] **안 + (動・形)** …… (動詞・形容詞の)
　　　　　　　　　　　　　　　　　　　　 ～しません、～くありません
　　　　　　　　 [不可能] **못 + (動詞)** …… (動詞の) ～できません

이야기 4 レベル ★★★★

할아버지의 수건 おじいさんのタオル

学ぶ文法： ［過去形］- **이었어요/였어요** ……… (名詞) でした
　　　　　- **요체 (ㅆ어요)** ………… (動詞・形容詞の)
　　　　　　　　　　　　　　　　　　でした・ました

이야기 5 レベル ★★★★★★

행복이 뭐야? しあわせってなあに？

学ぶ文法： ［現在系］- **은/ㄴ + 名詞** ⎫
　　　　　- **있는/없는 + 名詞** ⎭ …… 形容詞で名詞を修飾

おまけ Quiz time

レベル 　 ： ★★
学べること ： 韓国語の発音
　　　　　　 日本語で書くと同じ読みの単語の聞き比べ

音声について

本書をご購入のみなさまは、パソコン・スマートフォン・タブレットから無料で音声が聞けます。音声をダウンロードして聞くか、ストリーミング再生で聞くかをお選びいただけます。
専用サイト（https://www.takahashishoten.co.jp/audio-dl/）にアクセスして、「語学」→『絵とストーリーで学ぶ　hime式韓国語』を選択するか、もしくはQRコードを読み取ってください。

手順

❶ パスワード入力欄に「11266」と入力する
❷ 「ダウンロード」ボタンをクリックするか、トラック番号をクリックして再生する。

＊パソコン・スマホの操作に関するご質問にはお答えできません。
＊音声をお聞きいただく際の通信費はお客様のご負担となります。

韓国語の発音ルビについて ｜ 本文の発音ルビは、発音変化などを含め韓国語に近いカタカナで表現しています。ハングルは、カタカナでは表現しきれないので、あくまでも参考程度にとどめてください。正しい発音は、音声で確認してください。

目次

＼ おはなし ／

이야기 1

なんの 料理 かな? 무슨 요리일까?

이야기 2

ねこの お寿司屋 고양이 초밥집

Quiz time 当ててみて！

이야기 3

ソウルタワー の休日 서울타워의 휴일

- デザイン　　　　　　　福田あやはな
- イラスト・デザイン監修　hime
- 執筆協力　　　　　　　朴修賢
- DTP　　　　　　　　畑山栄美子　茂呂田剛（エムアンドケイ）
- 校正　　　　　　　　（有）共同制作社
- ナレーション　　　　　日本語：東城未来
　　　　　　　　　　　　韓国語：シン・ウィス
　　　　　　　　　　　　　　　　うにょん
- 録音　　　　　　　　　ユニバ合同会社

무슨 요리 일까?

なんの 料理 かな?

글·그림 hime

무슨 요리를 만들고 있을까요 ?

삼각형 어묵이에요 .

하나 , 둘 , 셋 , 넷 , 다섯 , 여섯 .

그리고...

떡이에요 !

하나 , 둘 , 셋 , 넷 , 다섯 ,
여섯 , 일곱 , 여덟 , 아홉 , 열 ,
열하나 !

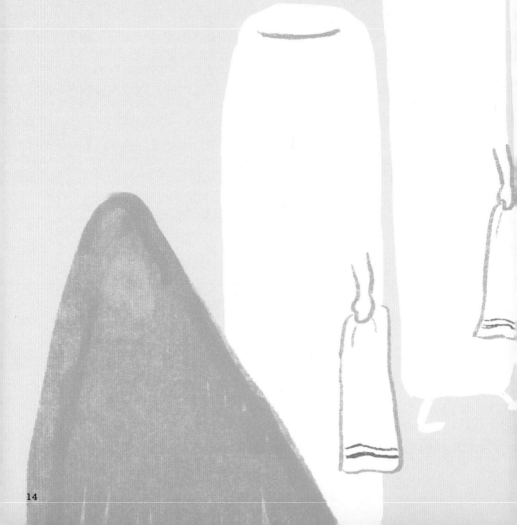

많이 있어요 .

어 !
저쪽에 냄비가 있어요 !

냄비에 양념소스 !

아 !
이것은 떡볶이예요 !!

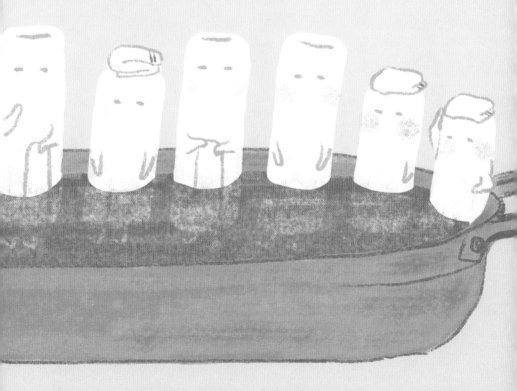

저기에

곱슬곱슬 …

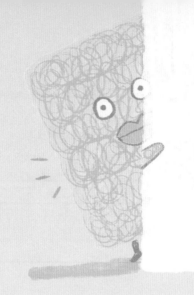

누구예요 ?

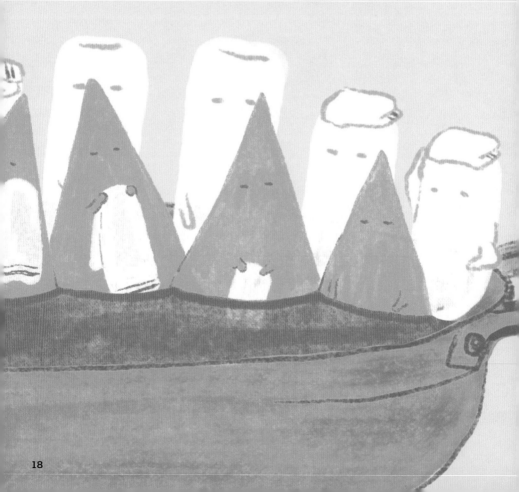

라면이에요 !!

"저기요 ~"
"저도 같이 들어가도 돼요 ?"

풍

라면이 들어가서
떡볶이가 아니에요 .

라볶이예요 .

또 누구예요 ?

치즈 꼬마들이에요 !!

"라면 아저씨 ~"
"우리도 있어요 ~!!"

일 , 이 , 삼 , 사 , 오 ,
육 , 칠 , 팔 , 구 , 십 ,
이십 , 삼십 ,
우와 – !

치즈가 들어가서

라볶이가 아니에요 .

치즈 라볶이예요 !

드디어 완성이에요 !

떡볶이에 라면하고 치즈가
들어가면 진짜 맛있어요 .
꼭 넣어 보세요 .

\ ひとつずつ調べてみましょう〜 /

차근차근 알아봐요~

どのくらいわかりましたか？
絵を見ているだけで
ラポッキが食べたくなりましたね！
今度は日本語でじっくり楽しみましょう〜

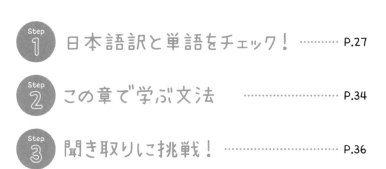

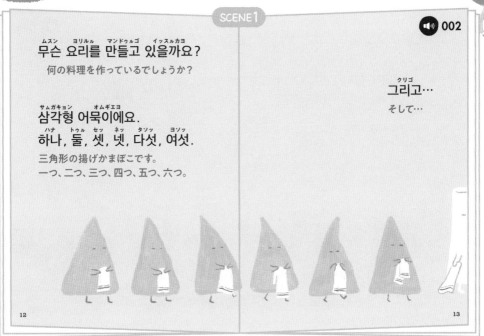

SCENE 1　🔊 002

ムスン　ヨリルル　マンドゥルゴ　イッスルカヨ
무슨 요리를 만들고 있을까요?
何の料理を作っているでしょうか？

クリゴ
그리고…
そして…

サムガキョン　オムギエヨ
삼각형 어묵이에요.
ハナ　トゥル　セッ　ネッ　タソッ　ヨソッ
하나, 둘, 셋, 넷, 다섯, 여섯.
三角形の揚げかまぼこです。
一つ、二つ、三つ、四つ、五つ、六つ。

12　　13

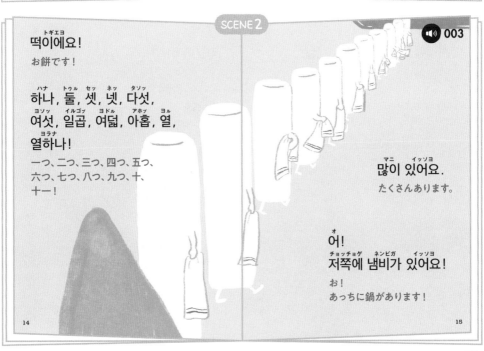

SCENE 2　🔊 003

トギエヨ
떡이에요!
お餅です！

ハナ　トゥル　セッ　ネッ　タソッ
하나, 둘, 셋, 넷, 다섯,
ヨソッ　イルゴプ　ヨドル　アホプ　ヨル
여섯, 일곱, 여덟, 아홉, 열,
ヨラナ
열하나!
一つ、二つ、三つ、四つ、五つ、
六つ、七つ、八つ、九つ、十、
十一！

マニ　イッソヨ
많이 있어요.
たくさんあります。

オ
어!
チョッチョゲ　ネンビガ　イッソヨ
저쪽에 냄비가 있어요!
お！
あっちに鍋があります！

14　　15

27

いや～ラーメンには
びっくりしました！

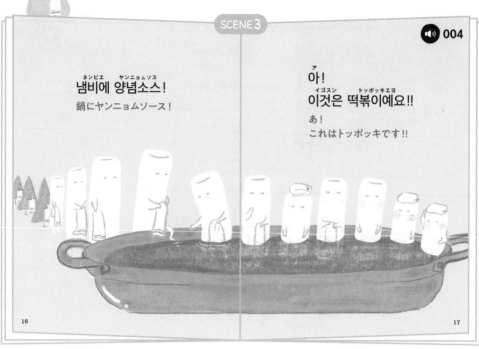

SCENE 3 🔊 004

_{ネンビエ} _{ヤンニョムソス}
냄비에 양념소스!
鍋にヤンニョムソース！

_ア
아!
_{イゴスン} _{トッポッキエヨ}
이것은 떡볶이예요!!
あ！
これはトッポッキです!!

16 17

SCENE 4 🔊 005

_{チョギエ}
저기에
_{コプスルコプスル}
곱슬곱슬…
あそこに
モジャモジャ…

_{ラミョニエヨ}
라면이예요!!
ラーメンです!!

_{ヌグエヨ}
누구예요?
だれですか？

_{チョギヨ}
"저기요~"
_{チョド} _{カチ} _{トゥロガド} _{ドゥェヨ}
"저도 같이 들어가도 돼요?"
「あの～」「私もいっしょに入ってもいいですか？」

18 19

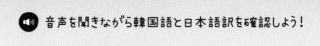

SCENE 5

🔊 006

프 ~ 덩

どぼ～ん

ラミョニ トゥロガソ
라면이 들어가서
トッポッキガ アニエヨ
떡볶이가 아니에요.
ラーメンが入ったので
トッポッキではありません。

ラボッキエヨ
라볶이예요.
ラポッキです。

20

21

SCENE 6

🔊 007

チジュ コマドゥリエヨ
치즈 꼬마들이에요!!
チーズのちびっ子たちです!!

ラミョン アジョッシ
"라면 아저씨~"
ウリド イッソヨ
"우리도 있어요~!!"
「ラーメンおじさん～」
「ボクたちもいますよ～!!」

ト ヌグエヨ
또 누구예요?
また誰ですか？

ウンソン
웅성

ウンソン
웅성

ざわざわ

イル イ サム サ オ
일, 이, 삼, 사, 오,
ユク チル パル ク シプ
육, 칠, 팔, 구, 십,
イシプ サムシプ ウワ
이십, 삼십, 우와-!

1、2、3、4、5、
6、7、8、9、10、
20、30、うわ～！

22

23

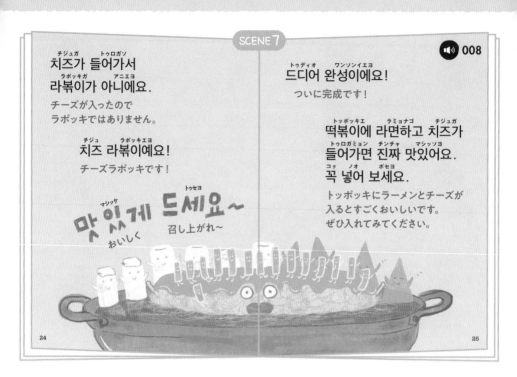

🔊 008

치즈가 들어가서
라볶이가 아니에요.

チーズが入ったので
ラポッキではありません。

치즈 라볶이예요!

チーズラポッキです！

맛있게 드세요~
おいしく 召し上がれ～

드디어 완성이에요!

ついに完成です！

떡볶이에 라면하고 치즈가
들어가면 진짜 맛있어요.
꼭 넣어 보세요.

トッポッキにラーメンとチーズが
入るとすごくおいしいです。
ぜひ入れてみてください。

24   25

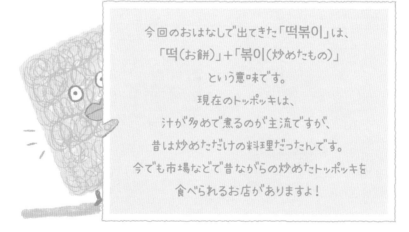

今回のおはなしで出てきた「떡볶이」は、
「떡(お餅)」＋「볶이(炒めたもの)」
という意味です。
現在のトッポッキは、
汁が多めで煮るのが主流ですが、
昔は炒めただけの料理だったんです。
今でも市場などで昔ながらの炒めたトッポッキを
食べられるお店がありますよ！

単語リスト

무슨 요리 일까? なんの料理かな?

🔊 009

SCENE1 P12-13

☐ 무슨 ムスン	何の
☐ 요리 ヨリ	料理
☐ 만들다 マンドゥルダ	作る
☐ 삼각형 サムガキョン	三角形
☐ 어묵 オムク	揚げかまぼこ

☐ 그리고 クリゴ	そして
☐ (動詞)-고 있다 ゴ イッタ	~している
☐ (動・形)-ㄹ/을까 ル ウルカ	~しようか、~だろうか

SCENE2 P14-15

☐ 떡 トク	お餅
☐ 많이 マニ	たくさん
☐ 있다 イッタ	ある、いる

☐ 저쪽 チョッチョク	あっち
☐ 냄비 ネンビ	鍋

SCENE3 P16-17

☐ 양념 ヤンニョム	ヤンニョム、味付けだれ
☐ 소스 ソス	ソース

☐ 이것 イゴッ	これ
☐ 떡볶이 トッポッキ	トッポッキ

SCENE4 P18-19

☐ 저기 チョギ	あそこ、あの~
☐ 누구 ヌグ	だれ
☐ 라면 ラミョン	ラーメン
☐ 저 チョ *	私、ぼく

☐ 같이 カチ	一緒に
☐ 들어가다 トゥロガダ	入る、入っていく
☐ (動・形)-아/어도 되다 ア オド ドゥェダ	~してもいい、~くてもいい

*助詞の「가(~が)」がつくときは、「제」になります。 ガ チェ

例 제가 할게요. (私がやります) チェガ ハルケヨ

31

- [ ] 라볶이 〔ラボッキ〕　ラポッキ
- [ ] (動・形)-아/어서 〔ア/オソ〕
  ～ので、～くて

- [ ] 또 〔ト〕　また
- [ ] 치즈 〔チジュ〕　チーズ
- [ ] 꼬마 〔コマ〕　ちびっ子、坊や
- [ ] 아저씨 〔アジョッシ〕　おじさん
- [ ] 우리 〔ウリ〕　私たち、ぼくたち
- [ ] -들 〔トゥル〕　～たち

- [ ] 드디어 〔トゥディオ〕　ついに
- [ ] 완성 〔ワンソン〕　完成
- [ ] 진짜 〔チンチャ〕　すごく
- [ ] 맛있다 〔マシッタ〕　おいしい
- [ ] 꼭 〔コク〕　必ず、ぜひ
- [ ] 넣어 보다 〔ノオ ボダ〕　入れてみる
- [ ] 드시다 〔トゥシダ〕　召し上がる
- [ ] -하고 〔ハゴ〕　～と
- [ ] (動・形)-(으)면 〔ウ ミョン〕
  ～たら、～れば
- [ ] (動詞)-(으)세요 〔ウ セヨ〕
  ～してください

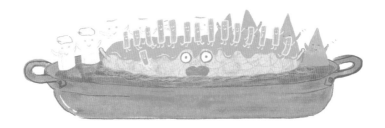

固有数詞　～時、～名、～個などに使う

- ☐ 하나(한)　一つ
- ☐ 둘(두)　二つ
- ☐ 셋(세)　三つ
- ☐ 넷(네)　四つ
- ☐ 다섯　五つ
- ☐ 여섯　六つ
- ☐ 일곱　七つ
- ☐ 여덟　八つ
- ☐ 아홉　九つ
- ☐ 열　十
- ☐ 열하나(열한)　十一

※単位がつくときは、（　）を使います。

例 한 명(1名)、두 개(2個)、세 시(3時)

漢数詞　～分・秒、お金、日付、電話場号などに使う

- ☐ 일　1
- ☐ 이　2
- ☐ 삼　3
- ☐ 사　4
- ☐ 오　5
- ☐ 육　6
- ☐ 칠　7
- ☐ 팔　8
- ☐ 구　9
- ☐ 십　10
- ☐ 이십　20
- ☐ 삼십　30

（名詞）です
- 이에요 / 예요

韓国語の「〜です」には「입니다」と「이에요 / 예요」の2通りがあります。
「입니다」はニュースなどで使用するかたい印象ですので、日常会話でよく使う「이에요 / 예요」から覚えていきましょう！
「이에요 / 예요」の使い方は、名詞の最後にパッチムがあれば「이에요(イエヨ)」を、パッチムがなければ「예요(エヨ*)」をつければ OK！

*「예요」の正しい発音は「イェヨ」ですが、言いにくいので韓国人も「エヨ」と発音するのが一般的です。

最後にパッチム	（名詞）	이에요/예요をつける	（名詞）です
あり	ラミョン **라 면** ラーメン	イエヨ **+ 이에요**	ラミョニエヨ **라 면 이에요** ラーメンです
なし	チジュ **치 즈** チーズ	エヨ **+ 예요**	チジュエヨ **치 즈 예요** チーズです

（名詞）ではありません
- 이 / 가 아니에요

「（名詞）ではありません」に当たる否定の作り方も簡単です。名詞の最後に
パッチムがあれば「이 아니에요」を、パッチムがなければ「가 아니에요」をつけ
るだけです！

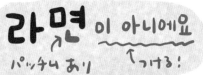

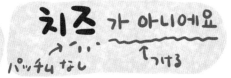

最後にパッチム	（名詞）	이/가 아니에요をつける	（名詞）ではありません	
あり	ラミョン 라면 ラーメン	イ アニエヨ + 이 아니에요	ラミョニ = 라면이 ラーメンでは	アニエヨ 아니에요 ありません
なし	チジュ 치즈 チーズ	ガ アニエヨ + 가 아니에요	チジュガ = 치즈가 チーズでは	アニエヨ 아니에요 ありません

音声を聞いて　（　　）をうめてみよう！
もっと上達したい人は、1行全て聞き取って書いてみましょう！

SCENE 1　P12-13　　　　　　　　　　　　　　　　　🔊 010

① 무슨 (　　　　　　)를 만들고 있을까요?

② (　　　　　　　　) 어묵이에요.

③ 하나, (　　　), 셋, 넷, (　　　　　), 여섯.

④ 그리고…

SCENE 2　P14-15　　　　　　　　　　　　　　　　　🔊 011

⑤ (　　　　　　　　　)!

⑥ 하나, 둘, (　　　), 넷, 다섯,

⑦ 여섯, (　　　　　), 여덟, 아홉, (　　　), 열하나!

⑧ (　　　　　) 있어요.

⑨ 어!　저쪽에 냄비가 (　　　　　　)!

SCENE 3　P16-17　　　　　　　　　　　　　　　　　🔊 012

⑩ (　　　　　)에 양념소스!

⑪ 아!　이것은 떡볶이(　　　　　)!!

こたえ

①요리　②삼각형　③둘, 다섯　⑤떡이에요　⑥셋　⑦일곱, 열　⑧많이　⑨있어요　⑩냄비　⑪예요

SCENE 4　P18-19 ──────────── 🔊 013

⑫ ( )에 곱슬곱슬…

⑬ ( )?

⑭ 라면( )!!

⑮ "저기요~"

⑯ "저도 ( ) 들어가도 돼요?"

SCENE 5　P20-21 ──────────── 🔊 014

⑰ [풍~덩]

⑱ 라면이 들어가서 떡볶이( ).

⑲ 라볶이( ).

SCENE 6　P22-23 ──────────── 🔊 015

⑳ ( ) 누구예요?

㉑ [웅성웅성]

㉒ 치즈 ( )들이에요!!

こたえ

⑫저기 ⑬누구예요 ⑭이에요 ⑯같이 ⑱가 아니에요 ⑲예요 ⑳또 ㉒꼬마

ハングルがわからない時は
ひらがなで書いてもOK！

㉓ "라면 (　　　　　　)~"

㉔ "(　　　　　)도 있어요~!!"

㉕ 일, 이, 삼, 사, (　　　),

㉖ 육, (　　　), 팔, (　　　), 십,

㉗ (　　　　　), 삼십, 우와-!

SCENE 7 P24-25 🔊 016

㉘ 치즈가 들어가서 라볶이(　　　　　　　　　　).

㉙ 치즈 라볶이예요!

㉚ 드디어 (　　　　)이에요!

㉛ 떡볶이에 라면하고 치즈가 (　　　　　　　　)

　 진짜 맛있어요.

㉜ (　　) 넣어 보세요.

㉝ 맛있게 (　　　　　　　　)~

読んでくれてありがとう～！
次は韓国料理屋さんで
お会いしましょう ㅋㅋ

こたえ
㉓아저씨 ㉔우리 ㉕오 ㉖칠, 구 ㉗이십 ㉘가 아니에요 ㉚완성 ㉛들어가면 ㉜꼭 ㉝드세요

고양이 초밥집

ねこの お寿司屋

글·그림 hime

밤 12(열두)시

초밥집

고양이 초밥집이 문을 열어요.

고양이 초밥집의 주인은
물론 고양이예요.

고양이 초밥집은
아주 인기예요.

매일 손님이 많이 와요.
줄을 서서 기다려야 돼요.

가게에는 한 마리씩
들어가야 돼요.

조금 긴장돼요.

메뉴는 여러가지 있어요.

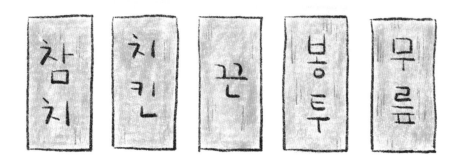

참치, 치킨…   봉투?

가끔 음식이 아니에요.

"참치 주세요."

기다려요.

두근두근

잠시 후...

참치가 눈 앞에!

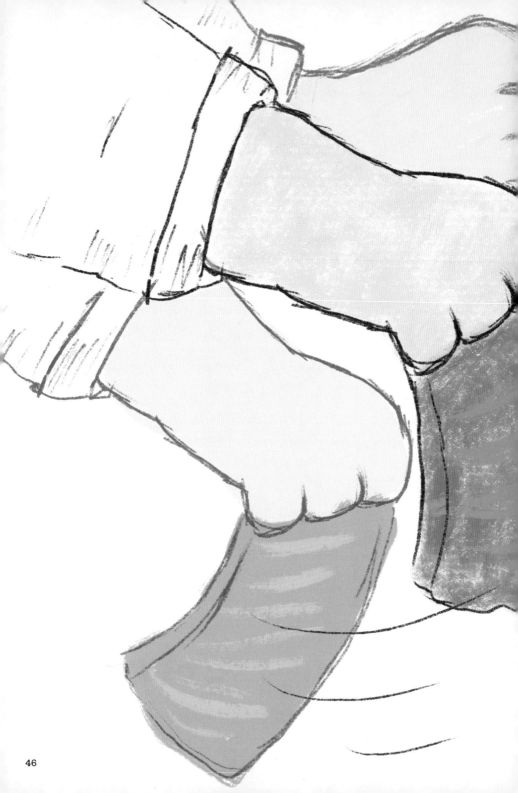

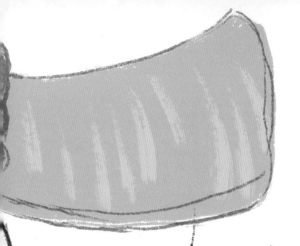

그리고...

붕~붕~붕~

그 참치가 좌우로 흔들흔들.

오른쪽 왼쪽 위쪽 아래쪽

무지무지

마음이 설레요.

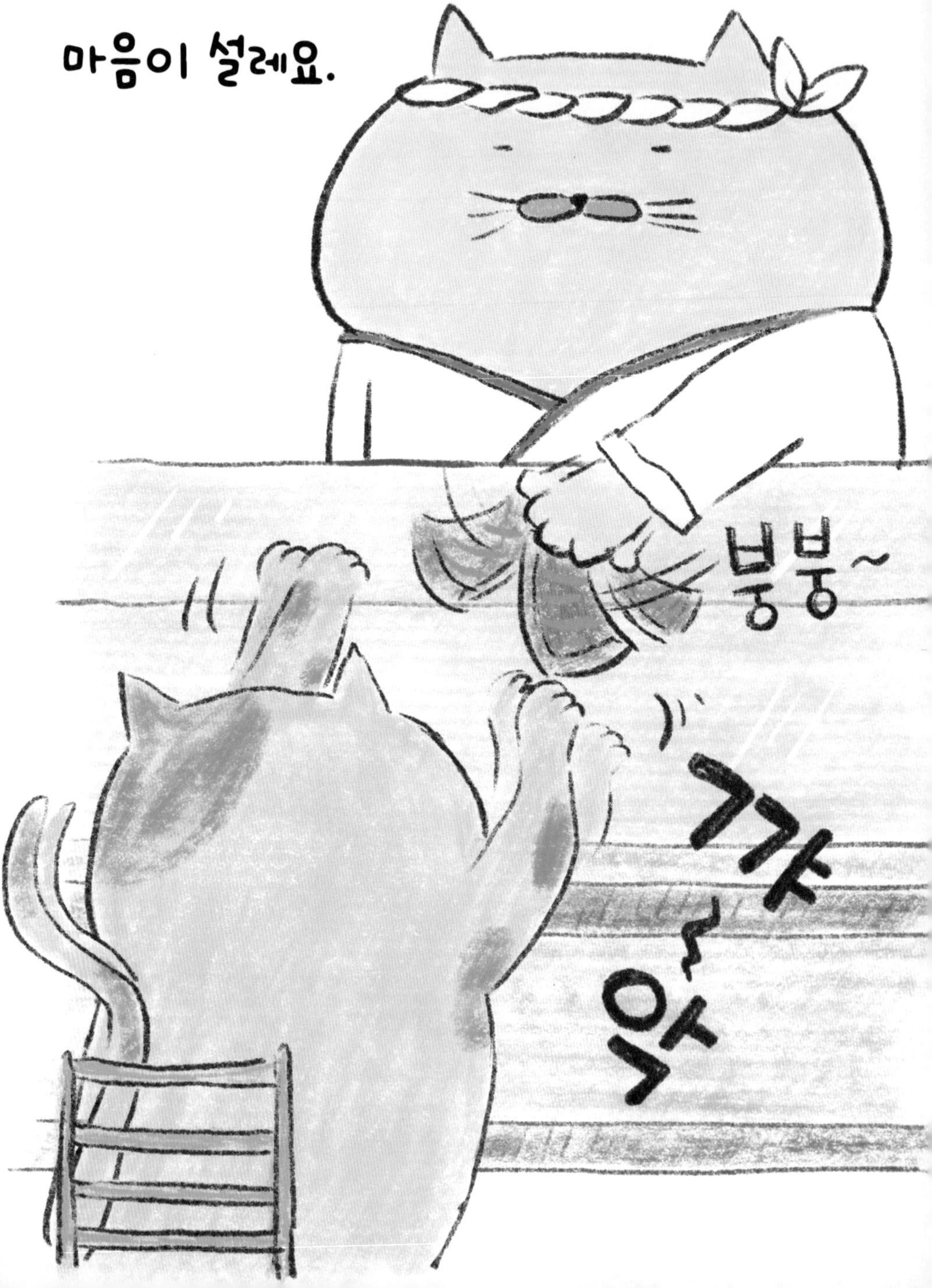

참치로 이렇게 두근두근!
태어나서 처음이에요.

아아～, 무지무지 행복을 느껴요.

다음은
뭐로 할까～

이렇게 고양이 초밥집은
새벽까지 손님이 와요.

ㄲㅑ～악

ㄲㅑ～악

빨리
들어가고 싶다～

차근차근 알아봐요~

不思議なメニューがいくつかあったと思います。
끈(ひも)、무릎(ひざ) … ヨヨ
もう一度読んでメニューなども
チェックしながら楽しんでくださいね！

SCENE 1

🔊 018

バム　ヨルトゥ　シ
밤 12(열두)시

夜中の０時

コヤンイ　チョパッチブィ　チュイヌン
고양이 초밥집의 주인은
ムルロン　コヤンイエヨ
물론 고양이예요.

ねこのお寿司屋の主人は
もちろんねこです。

コヤンイ　チョパッチビ　ムヌル　ヨロヨ
고양이 초밥집이 문을 열어요.

ねこのお寿司屋が開店します。

40

41

SCENE 2

🔊 019

コヤンイ　チョパッチブン
고양이 초밥집은
アジュ　インキエヨ
아주 인기예요.

ねこのお寿司屋は
とても人気です。

カゲエヌン　ハン　マリッシク
가게에는 한 마리씩
トゥロガヤ　ドゥェヨ
들어가야 돼요.

お店には一匹ずつ
入らなければなりません。

チョグム　キンジャンドゥェヨ
조금 긴장돼요.

ちょっと緊張します。

メイル　ソンニミ　マニ　ワヨ
매일 손님이 많이 와요.
チュルル　ソソ　キダリョヤ　ドゥェヨ
줄을 서서 기다려야 돼요.

毎日お客さんがたくさん来ます。
並んで待たなければなりません。

42

43

53

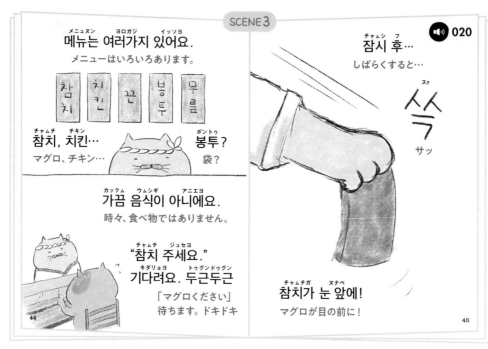

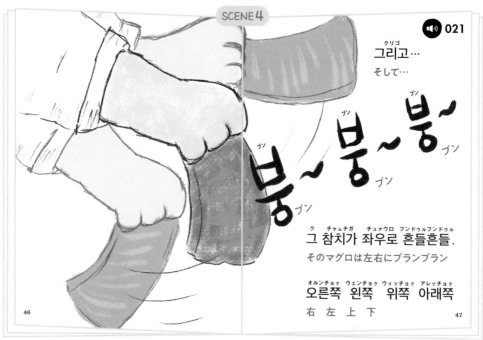

SCENE5 🔊 022

무지무지 마음이 설레요.
とてつもなく心が踊ります。

확

덥석

48

49

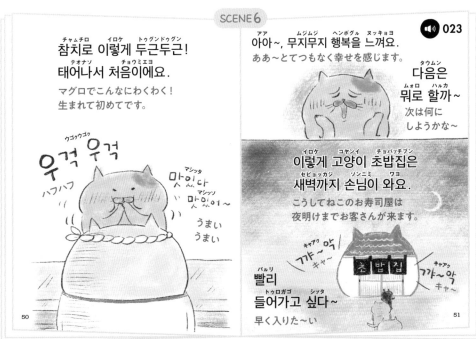

SCENE6 🔊 023

참치로 이렇게 두근두근!
태어나서 처음이에요.

マグロでこんなにわくわく！
生まれて初めてです。

아아~, 무지무지 행복을 느껴요.
ああ～とてつもなく幸せを感じます。

다음은
뭐로 할까~
次は何に
しようかな～

이렇게 고양이 초밥집은
새벽까지 손님이 와요.
こうしてねこのお寿司屋は
夜明けまでお客さんが来ます。

우걱 우걱
ハフハフ

맛있다
맛있어~
うまい
うまい

빨리
들어가고 싶다~
早く入りた～い

50

51

고양이 초밥집 ねこの お寿司屋

SCENE1 P40-41

☐ ^{バム}밤	夜		☐ ^{チプ}집	家、〜屋

☐ ^{バム}밤	夜	☐ ^{チプ}집	家、〜屋
☐ ^{ヨルトゥルヨルトゥ}열둘(열두) *¹	十二	☐ ^{ムン}문	門
☐ ^シ-시	〜時	☐ ^{ヨルダ}열다	開ける
☐ ^{コヤンイ}고양이	ねこ	☐ ^{チュイン}주인	主人 *²
☐ ^{チョバプ}초밥	寿司	☐ ^{ムルロン}물론	もちろん

＊1 単位が付く時は열두を使います。 例 ^{ヨルトゥ シ}열두 시(12時)、^{ヨルトゥ ゲ}열두 개(12個)

＊2 物の持ち主、飼い主、店主などに使います。夫の意味では使いません。

SCENE2 P42-43

☐ ^{アジュ}아주	とても	☐ ^{カゲ}가게	店
☐ ^{インキ}인기	人気	☐ ^{チョグム}조금	少し
☐ ^{メイル}매일	毎日	☐ ^{キンジャンドゥェダ}긴장되다	緊張する
☐ ^{ソンニム}손님	お客さん	☐ ^{マリ}-마리	〜匹
☐ ^{オダ}오다	来る	☐ ^{シク}-씩	〜ずつ
☐ ^{チュルル ソダ}줄을 서다	列に並ぶ	☐ (動詞)-^ア아/^{オヤ ドゥェダ}어야 되다	
☐ ^{キダリダ}기다리다	待つ		〜しなければならない

SCENE3 P44-45

☐ ^{メニュ}메뉴	メニュー	☐ ^{ウムシク}음식	食べ物
☐ ^{ヨロガジ}여러가지	いろいろ	☐ ^{チュダ}주다	あげる、くれる
☐ ^{チャムチ}참치	マグロ	☐ ^{チャムシ フ}잠시 후	しばらくすると
☐ ^{チキン}치킨	チキン	☐ ^{ヌン}눈	目
☐ ^{ボントゥ}봉투	袋、封筒	☐ ^{アプ}앞	前
☐ ^{カックム}가끔	時々		

SCENE 4 P46-47

- [ ] ^ク그 　その
- [ ] ^{チュウ}좌우 　左右
- [ ] ^{オルンチョク}오른쪽 　右
- [ ] ^{ウェンチョク}왼쪽 　左
- [ ] ^{ウィ}위 　上
- [ ] ^{アレ}아래 　下
- [ ] ^{チョク}-쪽 　〜の方（方向）

SCENE 5 P48-49

- [ ] ^{ムジムジ}무지무지 　とてつもなく
- [ ] ^{マウム}마음 　心
- [ ] ^{ソルレダ}설레다 　ときめく

SCENE 6 P50-51

- [ ] ^{イロケ}이렇게 　こんなに、こうして
- [ ] ^{テオナダ}태어나다 　生まれる
- [ ] ^{チョウム}처음 　初めて
- [ ] ^{ヘンボク}행복 　幸せ、幸福
- [ ] ^{ヌッキダ}느끼다 　感じる
- [ ] ^{タウム}다음 　次
- [ ] ^{ムォ}뭐 　何
- [ ] ^{セビョク}새벽 　夜明け
- [ ] ^{パルリ}빨리 　早く
- [ ] ^{カジ}-까지 　〜まで
- [ ] ^ウ-(으)^ロ로 ^{ハダ}하다 　〜にする
- [ ] (動詞)-^コ고 ^{シプタ}싶다 　〜したい

（動詞・形容詞の）です・ます
요体

「行く」→「行きます」のように、動詞・形容詞を「です・ます」にする方法です。
この「です・ます」に当たる状態を「요体」といいます。
「요体」が作れるようになると、過去形や否定、タメ口など、いろいろな表現
が簡単に作れますので、真っ先に覚えてほしいです！

요体の作り方 基礎になる **3つ** のパターン

韓国語の動詞・形容詞の基本形は、すべて「다」で終わります。
注目はこの「다」の前の部分です。

パターン 1 **팔다** 「다」の前に パッチムがある場合 ⋯⋯ P.59

パターン 2 **가다** 「다」の前に パッチムがない場合 ⋯⋯ P.60

パターン 3 **행복하다** 「하다」で 終わる場合 ⋯⋯ P.61

パターン **1** 팔다 「다」の前に パッチムがある場合

다の前の母音によって「아요」か「어요」をつけます。

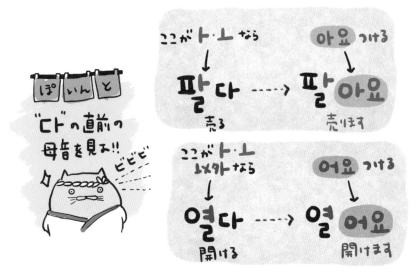

ぽいんと

"다"の直前の母音を見る!!

ビビビ

ここが ㅏ・ㅗ なら

팔다 ----→ 팔아요

売る → 売ります

아요 つける

ここが ㅏ・ㅗ 以外 なら

열다 ----→ 열어요

開ける → 開けます

어요 つける

①다の前の母音を確認	②다をとる	③아요/어요をつける	요体完成
ㅏ・ㅗ	パルダ **팔** 다 売る		パラヨ = **팔** 아 요 売ります
ㅏ・ㅗ	チョタ **좋** 다 良い	+ アヨ **아 요**	チョアヨ = **좋** 아 요 良いです
ㅏ・ㅗ 以外	ヨルダ **열** 다 開ける		ヨロヨ = **열** 어 요 開けます
ㅏ・ㅗ 以外	チクタ **찍** 다 撮る	+ オヨ **어 요**	チゴヨ = **찍** 어 요 撮ります

<table>
<tr><td>

パターン **2**

</td><td>

가다 「다」の前に パッチムがない場合

</td></tr>
</table>

「아요」か「어요」をつけるところまではパターン1と同じですが、
仕上げに「ギュッと縮める作業」が入ります。

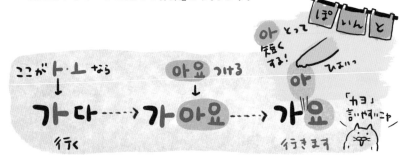

ここが ト・ㅗ なら
↓
가다 ----→ 가 **아요** つける ----→ **가요** 「カヨ」言いやすい♪
行く　　　　　　가 **아요**　　　　　　행きます

아 とって短く する！
아 ぴろっ

①다の前の母音を確認		②다をとる	③아요/어요をつける	요体完成	④縮約
ト・ㅗ	ト	カダ **가** 다 行く	+ アヨ **아 요**	=	カアヨ **가 아 요** →	カヨ **가 요** 行きます
	ㅗ	オダ **오** 다 来る		=	オアヨ **오 아 요** →	ワヨ **와 요** 来ます
ト・ㅗ以外	ㅓ	ソダ **서** 다 立つ	+ オヨ **어 요**	=	ソオヨ **서 어 요** →	ソヨ **서 요** 立ちます
	ㅜ	チュダ **주** 다 あげる、くれる		=	チュオヨ **주 어 요** →	チュォヨ **줘 요** あげます、くれます
	ㅣ	キダリダ **기 다 리** 다 待つ		=	キダリオヨ **기 다 리 어 요** →	キダリョヨ **기 다 려 요** 待ちます
	ㅔ	ソルレダ **설 레** 다 ときめく		=	ソルレオヨ **설 레 어 요** →	ソルレヨ **설 레 요** ときめきます
	ㅚ	トゥェダ **되** 다 成る		=	トゥェオヨ **되 어 요** →	トゥェヨ **돼 요** 成ります

パターン 3 행복하다 ← 「하다」で 終わる 場合

하다は、パターン2の「다の前にパッチムがない場合」でよさそうですが、ちょっと特殊で「해요」になります。特殊ではありますが、하다で終わる動詞・形容詞は、全て「〇〇해요」になるので、覚えやすいです！

めっちゃカンタンでしょ！

「하다」なら
↓
하다 ----> 해요
する   します

해요にする

ぽいんと
「〇〇하다」は
ぜ～んぶ
「〇〇해요」
シンプルですよ！

공부하다　좋아하다　행복하다　충항하다

①하다をとる	②해요をつける	요体完成
チョアハダ 좋아하다 好きだ		チョアヘヨ = 좋아해요 好きです
ヘンボカダ 행복하다 幸せだ	ヘヨ + 해요	ヘンボケヨ = 행복해요 幸せです

memo!
요体の作り方は、他にもいくつかのパターンがありますが、この3つで日常の8割程度をカバーできます。まずはこの3つからしっかり身につけましょう！

音声を聞いて（　）をうめてみよう！
もっと上達したい人は、1行全て聞き取って書いてみましょう！

SCENE 1 P40-41 ━━━━━━━━━━━━━━━━━━━━ 🔊 025

❶ 밤 (　　　　　) 시

❷ 고양이 초밥집이 (　　　　　　　　) 요.

❸ 고양이 초밥집의 주인은 물론 (　　　　　　　) 요.

SCENE 2 P42-43 ━━━━━━━━━━━━━━━━━━━━ 🔊 026

❹ 고양이 초밥집은 아주 (　　　　　) 요.

❺ (　　　　) 손님이 많이 (　　) 요.

❻ 줄을 서서 (　　　　　　　) 요.

❼ (　　　　) 에는 한 마리씩 들어가야 돼요.

❽ 조금 (　　　　　) 요.

SCENE 3 P44-45 ━━━━━━━━━━━━━━━━━━━━ 🔊 027

❾ 메뉴는 (　　　　　　　) 있어요.

❿ 참치, 치킨… (　　　　) ?

こたえ

❶열두　❷문을 열어　❸고양이예　❹인기예　❺매일, 와　❻기다려야 돼　❼가게　❽긴장돼　❾여러가지　❿봉투

62

⑪ (　　　　　) 음식이 아니에요.

⑫ "(　　　　) 주세요."

⑬ (　　　　　　)요. [두근두근]

⑭ 잠시 후…

⑮ [쓱]

⑯ 참치가 (　　　) 앞에!

SCENE 4 P46-47 　　　　　　　　　　　　🔊 **028**

⑰ 그리고… [붕~붕~붕~]

⑱ 그 참치가 (　　　　　)로 흔들흔들.

⑲ (　　　　　)쪽 왼쪽 (　　　)쪽 아래쪽

SCENE 5 P48-49 　　　　　　　　　　　　🔊 **029**

⑳ 무지무지 (　　　　　)이 설레요.

㉑ 꺄~악

3回聞いてわからなければ
すぐに答え合わせでOK！

㉒ [확]

㉓ [덥석]

SCENE 6   P50~51 ──────────────── 🔊 030

㉔ 참치로 이렇게 (　　　　　　　)!

우걱 우걱
맛있다
맛있어~

㉕ 태어나서 (　　　　　　)요.

㉖ [우걱우걱]

㉗ (　　　　　　) 맛있어~

㉘ 아아~, 무지무지 (　　　)을 (　　　)요.

㉙ (　　　)은 뭐로 할까~

㉚ (　　　　　) 고양이 초밥집은 새벽(　　　)

손님이 와요.

読んでくれて
ありがとうございます！
あなたのご来店も
お待ちしておりま～す

㉛ 꺄악 꺄악

㉜ (　　　) 들어가고 싶다~

こたえ

㉔두근두근　㉕처음이에　㉗맛있다　㉘행복, 느껴　㉙다음　㉚이렇게, 까지　㉜빨리

日本語で書くと同じ読みになる単語です。
どちらを発音しているかを当ててみてください！

クイズに入る前に
ちょっとだけ コツ 教えてあげる！

青チーム！ ㅂ
ここが
ㄱㄴㄷㄹ
ㅁㅂㅇㅈ
だったら
→
出だしが **低め**

赤チーム！ ㅍ
ここが
ㅋㅌㅍㅊ
ㄲㄸㅃㅉ
ㅆㅅㅎ
だったら
→
出だしが **高め**

とりあえず細かいところは置いておいて、
青チームの子音は低い、赤チームの子音は高い、って覚えておいて！

大事なのは耳で覚えること！
さ〜クイズに挑戦だ〜

🔊 031

ここ、よ〜く聞いてみて！

↓

○ 가 내려요

さあ〜 どっちかな？
맞혀 봐！
当ててみて！

비　　　피

비가 내려요

雨　が　降っています

もしも… # 피가 내려요 だったら

血　が　降っています

こりゃ～
この世の終わりじゃ

🔊 032

ここ、よ〜く聞いてみて!

↓

이 아파요

さぁ〜 どっちかな?

맞혀봐!

当ててみて!

발　　팔

팔이 아파요

うで が 痛いです

年か!?
マイタタタ…
うでが
上がらんぞ

聞きまちがえると…

ガリ…ッ

발이 아파요

足が 痛いです

アイゴ〜
なにか
ふんだ〜

🔊 033

ここ、よ～く聞いてみて！

↓

◯ **을 찼어요**

＼ さぁ～ どっちかな？／
맞혀 봐!
当ててみて！

공   **콩**

71

低め、高めの順に聞いて、音の高さの違いを感じてみましょう。

第1問	ピガ ネリョヨ 비가 내려요	雨が降っています。
	ピガ ネリョヨ 피가 내려요	血が降っています。

第2問	パリ アパヨ 발이 아파요	足が痛いです。
	パリ アパヨ 팔이 아파요	腕が痛いです。

第3問	コヌル チャッソヨ 공을 찼어요	ボールを蹴りました。
	コヌル チャッソヨ 콩을 찼어요	豆を蹴りました。

ここでは、なんとなーく
音の高さが違うことを感じてもらえればOKよん！
あわてないあわてない

マジ
神!!

→ 水の上で
寝られる

この世の中に
住んでる

ト マンナヨ
또 만나요〜
また 会いましょう〜

ちゃ
ぷっ

うわさどおり
スゴかったよ!
ブンブンブン

なっ!!
おはなしの中に
入っちゃった!!

서울 타워의 휴일

ソウルタワーの休日

글.그림 hime

Seoul

아침 ,
눈 앞에 서울 타워가 !

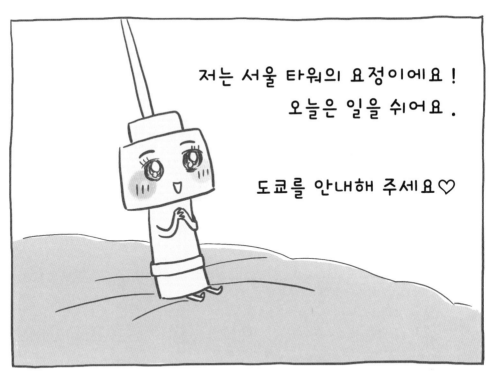

먼저 , 배가 고프니까
초밥을 먹으러 갈까요?

네 ♡

계란 ~
참치 ~
맛있어요 !

이것은 조금 냄새가 나요 .
못 먹어요 .

그럼 , 제가 먹을게요 !

다음은 쇼핑을
하러 갈까요 ?

붕붕

쇼핑은 **안 가요**.

옷은 작아서
못 입어요.

모자도 **못 써요.**

이것이 →
좀 문제예요?

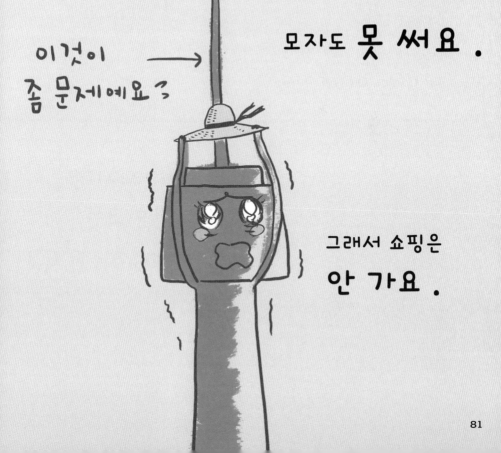

그래서 쇼핑은
안 가요.

미안해요.

괜찮아요.

커피는 어때요?

커피는 못 마시지만,
홍차하고 케이크는
아주 좋아해요♡

도쿄의 카페도 멋지네요 !

여기저기 구경하고 사진 찍고….

시부야
SHIBUYA

신주쿠
SHINJUKU

도쿄타워
TOKYO TOWER

아사쿠사
ASAKUSA

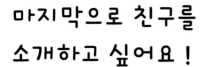

마지막으로 친구를
소개하고 싶어요!

지잔~

스카이 트리예요!
좀 비슷하죠?

비슷해요!

안녕하세요?
어서 오세요!

저는 피곤할 때나,
고민이 있을 때

여기에 와서 힘을
받고 있어요.

오늘 하루, 정말로 고마워요.
다음은 서울에서 만나요.

서울 타워는
제자리로.

오늘도 서울에서
모두에게 힘을
주고 있어요.

금방 갈게요 ~

차근차근 알아봐요~

楽しんでいただけましたか～～？
おはなしの中で、イクラと納豆が苦手とありましたが
私のまわりの韓国人は苦手な人が多いんです。
「イクラ」って韓国語で？
再度確認してみましょう！

SCENE1　🔊036

アチム　ヌナペ　ソウル　タウォガ
아침, 눈 앞에 서울 타워가!
朝、目の前にソウルタワーが！

꿈 クミャ 이야!?
夢っ！?

アンニョンハセヨ
안녕하세요?
おはよう
ございます。

チョヌン　ソウル　タウォウィ　ヨジョンイエヨ
저는 서울 타워의 요정이에요!
オヌルン　イルル　スュィオヨ
오늘은 일을 쉬어요.
トキョルル　アンネヘ　ジュセヨ
도쿄를 안내해 주세요♡
私はソウルタワーの妖精です！
今日は仕事を休みます。
東京を案内してください♡

ソウル　タウォガ　トキョエ
서울 타워가 도쿄에!?
ソウルタワーが東京に!?

サンファンイ　チャル　イヘガ
상황이 잘 이해가
アン　ドゥェジマン
안 되지만….
状況がよく
理解できないけど…。

76　77

SCENE2　🔊037

オケイ
으크
OK　マッキョジュセヨ
맡겨 주세요!!
オーケー
任せてください!!

ウワ
우와~
カムサハムニダ
감사합니다
わ～ありがとう
ございます

モンジョ　ペガ　ゴプニッカ　チョバブル　モグロ　カルカヨ
먼저, 배가 고프니까 초밥을 먹으러 갈까요?
まず、お腹が空いたから
おすしを食べに行きましょうか。

ネ
네♡
はい♡

ケラン　チャムチ
계란~참치~
マシッッヨ
맛있어요!
たまご～マグロ～
おいしいです！

남
냠

イゴスン　チョグム　ネムセガ　ナヨ
이것은 조금 냄새가 나요.
モンモギョ
못 먹어요.
ヨノアル
イクラ
연어알
ナット
納豆
낫토
これは少し
匂いがします。
食べられません。

クロム　チェガ　モグルケヨ
그럼, 제가 먹을게요!
じゃあ、私が食べます！

78　79

89

あぁ〜東京見学
ホント楽しかったぁ♡

SCENE 3

🔊038

다음은 쇼핑을
(タウムン ショピンウル)
하러 갈까요?
(ハロ カルカヨ)
次はショッピングを
しに行きましょうか。

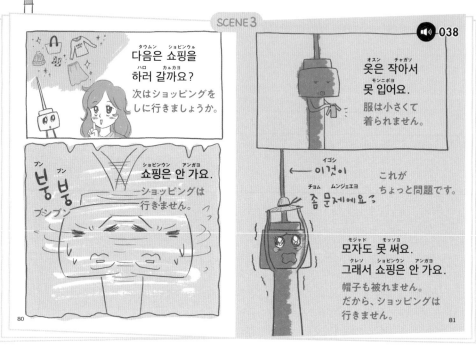

옷은 작아서
(オスン チャガソ)
못 입어요.
(モンニボヨ)
服は小さくて
着られません。

붕붕
(プン プン)
プシプン
쇼핑은 안 가요.
(ショピンウン アンガヨ)
ショッピングは
行きません。

← 이것이
(イゴシ)
좀 문제에요.
(チョム ムンジェエヨ)
これが
ちょっと問題です。

모자도 못 써요.
(モジャド モッソヨ)
그래서 쇼핑은 안 가요.
(クレソ ショピンウン アンガヨ)
帽子も被れません。
だから、ショッピングは
行きません。

80

81

SCENE 4

🔊039

미안해요.
(ミアネヨ)
ごめんなさい。

괜찮아요.
(クェンチャナヨ)
大丈夫です。

커피는 어때요?
(コピヌン オッテヨ)
コーヒーはどうですか？

커피는 못 마시지만,
(コピヌン モンマシジマン)
홍차하고 케이크는
(ホンチャハゴ ケイクヌン)
아주 좋아해요♡
(アジュ チョアヘヨ)
コーヒーは飲めないけど、
紅茶とケーキは
とても好きです♡

도쿄의 카페도 멋지네요!
(トキョウィ カペド モッチネヨ)
東京のカフェも素敵ですね！

여기저기 구경하고 사진 찍고….
(ヨギジョギ クギョンハゴ サジン チッコ)
あちこち見物して写真撮って…。

시부야
SHIBUYA

신주쿠
SHINJUKU

도쿄
타워
TOKYO
TOWER

아사쿠사
ASAKUSA

82

83

90

SCENE 5　🔊040

마지막으로 친구를 소개하고 싶어요!
最後にお友達を紹介したいです！

자잔~
ジャジャーン

스카이 트리예요!
スカイツリー です！

좀 비슷하죠?
ちょっと似てるでしょう？

우와~
うわ～

비슷해요!
似てます！

안녕하세요?　어서 오세요!
こんばんは　　ようこそ！

저는 피곤할 때나, 고민이 있을 때
여기에 와서 힘을 받고 있어요.
私は疲れた時や、悩みがある時
ここに来て元気をもらっています。

SCENE 6　🔊041

앗
はっ

서울은 괜찮을까?
ソウルは大丈夫かしら？

서울 타워가 없어~ ㅠㅠ
ソウルタワーがない～（涙）

저도 모두에게 힘을 줘야 돼요!
서울에 돌아갈게요!
私もみんなに
元気をあげないと！
ソウルに帰ります！

응
うん

오늘 하루, 정말로 고마워요.
다음은 서울에서 만나요.
今日一日、本当に
ありがとうございます。
次はソウルで
会いましょう。

서울 타워는 제자리로.
ソウルタワーは自分の場所へ。

오늘도 서울에서
모두에게 힘을
주고 있어요.
今日もソウルでみんなに
元気をあげています。

금방 갈게요~
すぐ行きま～す。

単語リスト

서울 타워의 휴일　ソウルタワーの休日

SCENE 1　P76-77

- ☐ 아침（アチム）　朝
- ☐ 서울 타워（ソウル タウォ）　ソウルタワー
- ☐ 꿈（クム）　夢
- ☐ 요정（ヨジョン）　妖精
- ☐ 오늘（オヌル）　今日
- ☐ 일（イル）　仕事
- ☐ 쉬다（シュィダ）　休む
- ☐ 도쿄（トキョ）　東京

- ☐ 안내하다（アンネハダ）　案内する
- ☐ 상황（サンファン）　状況
- ☐ 잘（チャル）　よく
- ☐ 이해(가) 되다（イヘ ガ トゥェダ）　理解できる
- ☐ (動詞)-아/어 주세요（ア オ ジュセヨ）　～してください
- ☐ (動・形)-지만（ジマン）　～けど

SCENE 2　P78-79

- ☐ 맡기다（マッキタ）　任せる、預ける
- ☐ 먼저（モンジョ）　まず
- ☐ 배(가) 고프다（ペ ガ コプダ）　お腹が空いている、空腹だ
- ☐ 먹다（モクタ）　食べる
- ☐ 가다（カダ）　行く
- ☐ 계란（ケラン）　たまご(卵鶏)

- ☐ 냄새(가) 나다（ネムセ ガ ナダ）　匂いがする
- ☐ 연어알（ヨノアル）　イクラ
- ☐ 낫토（ナット）　納豆
- ☐ 그럼 *（クロム）　それでは、では
- ☐ (動・形)-(으)니까（ウ ニッカ）　～だから
- ☐ (動詞)-(으)러（ウ ロ）　～しに
- ☐ (動詞)-ㄹ/을게（ル ウルケ）　～するね (意志)

*그러면の縮約

SCENE 3　P80-81

- ☐ 쇼핑（ショピン）　ショッピング
- ☐ 하다（ハダ）　する
- ☐ 옷（オッ）　服
- ☐ 작다（チャクタ）　小さい
- ☐ 입다（イプタ）　着る

- ☐ 모자（モジャ）　帽子
- ☐ 쓰다（スダ）　被る
- ☐ 그래서（クレソ）　だから
- ☐ 문제（ムンジェ）　問題
- ☐ 좀 *（チョム）　ちょっと

*조금の略語

SCENE 4 P82-83

- [ ] 미안하다 〔ミアナダ〕 すまない、ごめん
- [ ] 괜찮다 〔クェンチャンタ〕 大丈夫だ
- [ ] 커피 〔コピ〕 コーヒー
- [ ] 홍차 〔ホンチャ〕 紅茶
- [ ] 케이크 〔ケイク〕 ケーキ
- [ ] 좋아하다 〔チョアハダ〕 好む、好きだ
- [ ] 카페 〔カペ〕 カフェ

- [ ] 멋지다 〔モッチダ〕 素敵だ
- [ ] 여기저기 〔ヨギジョギ〕 あちこち
- [ ] 구경하다 〔クギョンハダ〕 見物する、見学する
- [ ] 사진 〔サジン〕 写真
- [ ] 찍다 〔チクタ〕 撮る
- [ ] (動・形)-네 〔ネ〕 ～だね
- [ ] (動・形)-고 〔ゴ〕 ～して、～くて

SCENE 5 P84-85

- [ ] 마지막 〔マジマク〕 最後
- [ ] 친구 〔チング〕 友達
- [ ] 소개 〔ソゲ〕 紹介
- [ ] 비슷하다 〔ビスタダ〕 似ている
- [ ] 피곤하다 〔ピゴナダ〕 疲れている、疲れた
- [ ] 고민 〔コミン〕 悩み

- [ ] 여기 〔ヨギ〕 ここ
- [ ] 힘 〔ヒム〕 元気、力
- [ ] 받다 〔パッタ〕 もらう
- [ ] -(이)나 〔イ ナ〕 ～や
- [ ] (動・形)-죠 〔ジョ〕* ～ましょう、～でしょう
- [ ] (動・形)-ㄹ/을 때 〔ル ウル テ〕 ～する時、～な時

*지요の縮約

SCENE 6 P86-87

- [ ] 없다 〔オプタ〕 ない、いない
- [ ] 모두 〔モドゥ〕 全部、みんな
- [ ] 돌아가다 〔トラガダ〕 帰る
- [ ] 하루 〔ハル〕 一日 (いちにち)

- [ ] 정말 〔チョンマル〕 本当
- [ ] 만나다 〔マンナダ〕 会う
- [ ] 제자리 〔チェジャリ〕 自分の場所、元の場所
- [ ] 금방 〔クンバン〕 すぐ

<否定>
（動詞・形容詞の）〜しません・〜くありません
안 + （動詞・形容詞）

요체の作り方がわかれば、否定文は超簡単！
動詞・形容詞の요체の前に「안」をつければ
否定の表現になります！

私の　意志

前に
안つける
↓
ビシッっと
行きません！

가다 → 가요 → 안 가요
行く　　　行きます　　　行きません

使用できる品詞	基本形	①요体を作る	②前に안をつける	否定文完成
動詞	カダ 가다 行く	カヨ 가요 行きます	アン 안 + 요体	アンガヨ = 안 가요 行きません
形容詞	アプダ 아프다 痛い	アパヨ 아파요 痛いです		アナパヨ = 안 아파요 痛くありません

memo!

「〜지 않다」を使う否定文もあります。意味は同じです　　（例）안 가요 = 가지 않아요
が、固いイメージで、書き言葉でよく使います。　　　　　　안 아파요 = 아프지 않아요

<不可能>
（動詞の）〜できません
못 ＋（動詞）

動詞の요体の前に「못」をつければ不可能の表現になります！

使用できる品詞	基本形	①요体を作る	②前に못をつける	不可能文完成
動詞	モクタ 먹다 食べる	モゴヨ 먹어요 食べます	モッ 못 ＋ 요体	モンモゴヨ ＝못 먹어요 食べられません

memo!

「〜지 못하다」を使う不可能の表現もあります。
「〜지 않다」と同様に、書き言葉でよく使います。

（例）못 먹어요 ＝ 먹지 못해요

音声を聞いて（　）をうめてみよう！
もっと上達したい人は、1行全て聞き取って書いてみましょう！

SCENE1　P76-77　　　　　　　　　　　　　　　　　🔊 043

① （　　　　　　）, 눈 앞에 서울 타워가!

② （　　　　）이야!?

③ （　　　　　　）하세요?

④ 저는 서울 타워의 요정（　　　　　　　　）!

⑤ （　　　　　　）은 일을 （　　　　）요.

⑥ 도쿄를 （　　　　　）해 주세요♡

⑦ （　　　　　） 타워가 도쿄에!?

⑧ 상황이 잘 이해가 （　　　　）지만….

SCENE2　P78-79　　　　　　　　　　　　　　　　　🔊 044

⑨ ㅇㅋ!　맡겨 주세요!!

⑩ 우와~ （　　　　　　　　　　　　　）.

⑪ 먼저, （　　　　　　　　　）니까 초밥을 （　　　　　） 갈까요?

⑫ 네♡

⑬ 계란~ 참치~

⑭ [냠냠] （　　　　　　　　　）!

⑮ [연어알]　[낫토]

こたえ

❶아침　❷꿈　❸안녕　❹이에요　❺오늘, 쉬어　❻안내　❼서울　❽안 되　❿감사합니다
⑪배가 고프, 먹으러　⑭맛있어요

힘내요!
ガンバッテ!

⑯ 이것은 조금 (　　　　　)가 나요.

⑰ (　　　　　　　)요.

⑱ 그럼, 제가 먹을게요!

SCENE **3** P80-81　　　　　　　　　　　　🔊 045

⑲ 다음은 쇼핑을 하러 (　　　　)요?

⑳ [붕붕] 쇼핑은 (　　　　　)요.

㉑ 옷은 작아서 (　　　　　　)요.

㉒ 모자도 (　　　　)요.

㉓ 그래서 쇼핑은 안 가요.

㉔ 이것이 좀 (　　　　　　)요.

SCENE **4** P82-83　　　　　　　　　　　　🔊 046

㉕ (　　　　　　)요.

㉖ 괜찮아요.

㉗ (　　　)는 어때요?

㉘ 커피는 (　　) 마시지만,

㉙ 홍차하고 케이크는 아주 (　　　　　)요♡

㉚ 도쿄의 카페도 멋지네요!

㉛ 여기저기 (　　　　　)고 사진 찍고….

こたえ

⑯냄새 ⑰못 먹어 ⑲갈까 ⑳안 가 ㉑못 입어 ㉒못 써 ㉔문제예 ㉕미안해 ㉗커피 ㉘못 ㉙좋아해
㉛구경하

㉜ (　　　　　　)으로 친구를 (　　　　)하고 싶어요!

㉝ 짜잔~ 스카이 트리(　　　)!

㉞ (　　) 비슷하죠?

㉟ 우와~ (　　　　　)요!

㊱ 안녕하세요? (　　　　) 오세요!

㊲ 저는 (　　　　)할 때나, (　　　　)이 있을 때

㊳ 여기에 와서 (　　)을 받고 있어요.

㊴ 앗. 서울은 괜찮을까?

㊵ 서울 타워가 (　　　　)~ ㅠㅠ

㊶ 저도 (　　　)에게 힘을 줘야 돼요!

㊷ 서울에 (　　　　　　)요!

㊸ 응

㊹ 오늘 (　　　), 정말로 (　　　　　)요.

㊺ 다음은 서울에서 만나요.

㊻ 서울 타워는 제자리로.

㊼ (　　　)도 서울에서 모두에게 힘을 (　　　　)요.

㊽ (　　　) 갈게요~

読んでくれて
ありがとうございます！
ぜひソウルに
会いに来てくださいね♡

こたえ

㉜마지막, 소개　㉝예요　㉞좀　㉟비슷해　㊱어서　㊲피곤, 고민　㊳힘　㊵없어　㊶모두　㊷돌아갈게
㊹하루, 고마워　㊺만나　㊼오늘, 주고 있어　㊽금방

할아버지의 수건

おじいさんのタオル

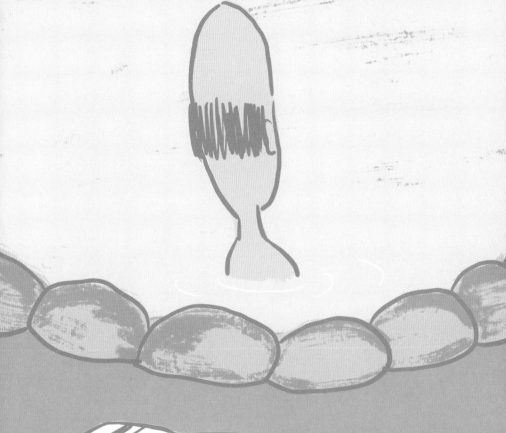

글·그림 hime

할아버지는 온천을 좋아해요 .
오늘은 숲 속의 온천에 왔어요 .

슬~쩍

그러자...,
뒤에서 손이
나타났어요 .

싹

그 손은 할아버지의 수건을
몰래 가져갔어요 .

할아버지는 온천에서 나가기로 했어요 .

못 나가…

어떡해…

할아버지는 곤란했어요 .

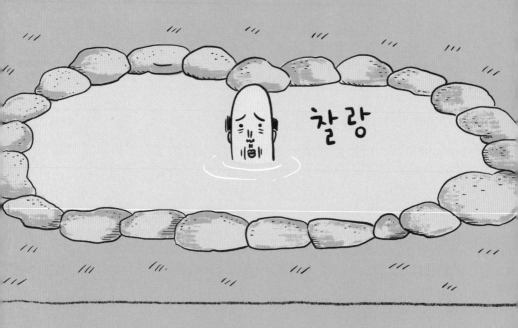

"저기요 ~, 아무도 없어요~?"

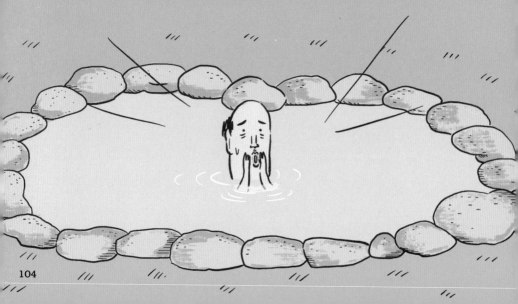

조용~~~

'음…'

두리번
두리번

'아무도 없나…?
이대로 가 볼까?
안 들키고 갈 수 있겠지.'

할아버지는 천천히
걷기 시작했어요 .

숲 속은 아주 조용해요 .

사람도 동물도
안 보여요 .

'후후후 ,
역시 아무도
없어 .'

바로 그 때였어요.

두 사람은 바위에 앉아서 이야기를 시작했어요.

"수건이
없어져서
놀랐어요."

"저도요,
하하하."

두 사람은 너무나 마음이 맞아서
서로 알몸인 것을 잊고,
아침까지 이야기를 나누었어요.

할아버지도 아저씨도
수건은 잃어버렸지만
친구를 찾았어요.

그런데...

차근차근 알아봐요~

森の温泉は静かでいいよね～
お風呂に浸かると血行がよくなるから
記憶力が上がるらしいよ。
お風呂に入ったらここで覚えた単語を
思い出してみて～

SCENE 1 🔊 050

할아버지는
온천을 좋아해요.
おじいさんは温泉が好きです。

오늘은 숲 속의
온천에 왔어요.
今日は森の中の温泉に来ました。

슬~쩍
そ〜っと

그러자…,
뒤에서 손이 나타났어요.
すると…、
後ろから手が現れました。

싹
サッ

그 손은 할아버지의
수건을 몰래 가져갔어요.
その手は、おじいさんのタオルを
こっそり持っていきました。

100   101

SCENE 2 🔊 051

할아버지는 온천에서 나가기로 했어요.
おじいさんは温泉から出ることにしました。

쏴악
ザ アク
バ

그러자,
すると、

어!!!
えっ！

'수건이 없어!!!'
「タオルがない!!!」

못 나가…
出られない…

어떡해…
どうしよう…

102   103

113

タオル見ると欲しくなるのよ

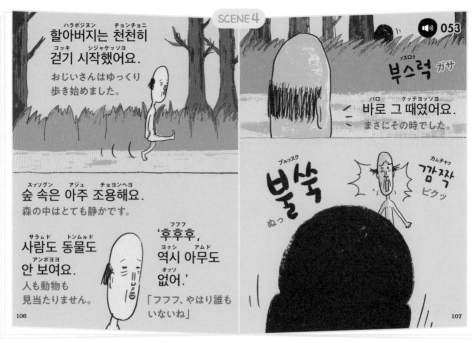

SCENE 5

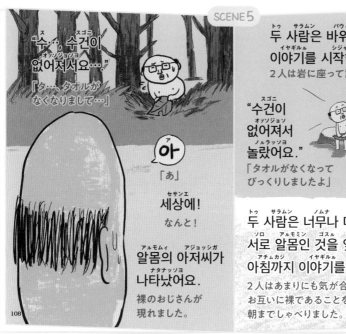

"수…, 수건이
없어져서요…"

「タ…タオルが
なくなりまして…」

아

「あ」

세상에!

なんと！

알몸의 아저씨가
나타났어요.

裸のおじさんが
現れました。

108

🔊 054

두 사람은 바위에 앉아서
이야기를 시작했어요

2人は岩に座って話し始めました。

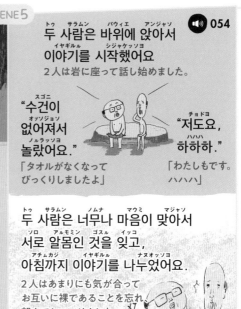

"수건이
없어져서
놀랐어요."

「タオルがなくなって
びっくりしましたよ」

"저도요,
하하하."

「わたしもです。
ハハハ」

두 사람은 너무나 마음이 맞아서
서로 알몸인 것을 잊고,
아침까지 이야기를 나누었어요.

2人はあまりにも気が合って
お互いに裸であることを忘れ
朝までしゃべりました。

109

SCENE 6

하 하 하
は は は

할아버지도 아저씨도
수건은 잃어버렸지만
친구를 찾았어요.

おじいさんもおじさんも、
タオルはなくしたけど、
友だちを見つけました。

그런데…

ところで…

🔊 055

원숭이주의

サルに注意

두 사람의 수건은
도대체 어디로 갔을까요?

2人のタオルは、
いったいどこへいったのでしょうか？

"역시 수건이 있으면, 기분 최고~"

「やっぱタオルがあると、気分最高～」

110   111

単語リスト

할아버지의 수건 おじいさんのタオル

SCENE 1 P100-101

☐ 할아버지 (ハラボジ)	おじいさん	☐ 손 (ソン)	手
☐ 온천 (オンチョン)	温泉	☐ 나타나다 (ナタナダ)	現れる
☐ 숲 (スプ)	森	☐ 수건 (スゴン)	タオル
☐ 속 (ソク)	中	☐ 몰래 (モルレ)	こっそり
☐ 그러자 (クロジャ)	すると	☐ 가져가다 (カジョガダ)	持っていく
☐ 뒤 (トゥィ)	後ろ	☐ -을/를 좋아하다 (ウル ルル チョアハダ)	～が好きだ

SCENE 2 P102-103

☐ 나가다 (ナガダ)	出る、出ていく	☐ (動詞)-기로 하다 (ギロ ハダ)	～することにする

SCENE 3 P104-105

☐ 곤란하다 (コルランハダ)	困難だ、困る	☐ (動詞)-아/어 보다 (ア オ ボダ)	～してみる
☐ 아무도 (アムド)	誰も	☐ (動詞)-ㄹ/을 수 있다 (ル ウル ス イッタ)	～することができる
☐ 이대로 (イデロ)	このまま		
☐ 들키다 (トゥルキダ)	気付かれる、ばれる	☐ (動・形)-겠지 (ゲッチ)	～だろう
☐ (動・形)-나? (ナ)	～かな？		

SCENE 4 P106-107

☐ 천천히 (チョンチョニ)	ゆっくり	☐ 보이다 (ボイダ)	見える、見当たる
☐ 걷다 (コッタ)	歩く	☐ 역시 (ヨクシ)	やはり
☐ 조용하다 (チョヨンハダ)	静かだ	☐ 바로 (バロ)	まさに
☐ 사람 (サラム)	人	☐ 때 (テ)	時
☐ 동물 (トンムル)	動物	☐ (動詞)-기 시작하다 (キ シジャカダ)	～し始める

SCENE 5 P108-109

☐ 없어지다 [オプソジダ]	なくなる		☐ 놀라다 [ノルラダ]	驚く、びっくりする
☐ 세상에 [セサンエ]	なんと		☐ 너무나 [ノムナ]	あまりにも
☐ 알몸 [アルモム]	裸		☐ 마음이 맞다 [マウミ マッタ]	気が合う
☐ 바위 [バウィ]	岩		☐ 서로 [ソロ]	お互いに
☐ 앉다 [アンタ]	座る		☐ 잊다 [イッタ]	忘れる
☐ 이야기 [イヤギ]	話し		☐ 나누다 [ナヌダ]	分ける、交わす
☐ 시작하다 [シジャカダ]	始める		☐ -인 것 [イン コッ]	～であること

SCENE 6 P110-111

☐ 잃어버리다 [イロボリダ]	なくす		☐ 원숭이 [ウォンスンイ]	サル
☐ 찾다 [チャッタ]	探す、見つける		☐ 주의 [チュイ]	注意
☐ 그런데 [クロンデ]	ところで		☐ 기분 [キブン]	気分、気持ち
☐ 도대체 [トデチェ]	いったい		☐ 최고 [チュェゴ]	最高
☐ 어디 [オディ]	どこ			

＜過去＞
（名詞）でした
- 이었어요 / 였어요

1章で学んだ「（名詞）이에요/예요（〜です）」の過去形は「（名詞）이었어요/였어요（〜でした）」になります。

最後にパッチム	（名詞）	이었어요/였어요 をつける	（名詞）でした
あり	スゴン 수건 タオル	イオッソヨ + 이었어요	スゴニオッソヨ = 수건이었어요 タオルでした
なし	アジョッシ 아저씨 おじさん	ヨッソヨ + 였어요	アジョッシヨッソヨ = 아저씨였어요 おじさんでした

＜過去＞
（動詞・形容詞の）でした・ました
요体の過去形

動詞や形容詞の過去形は、2章で学んだ요体の作り方が分かれば簡単です！
요の前に「ㅆ어」をつけるだけです。

基本形	①요体を作る	②요の前にㅆ어を入れる	요体の過去形完成
チャッタ 찾다 探す、見つける	チャジャヨ 찾아요 探します、見つけます	찾아ㅆ어요	チャジャッソヨ = 찾았어요 探しました、見つけました
カダ 가다 行く	カヨ 가요 行きます	가ㅆ어요	カッソヨ = 갔어요 行きました
ハダ 하다 する	ヘヨ 해요 します	해ㅆ어요	ヘッソヨ = 했어요 しました

119

音声を聞いて（　）をうめてみよう！
もっと上達したい人は、1行全て聞き取って書いてみましょう！

SCENE1　P100-101　　　　　　　　　　　　　　　🔊 057

① （　　　　　　　　　　）는 온천을 좋아해요.

② 오늘은 숲 속의 온천에 （　　　　）요.

③ 그러자…, [슬~쩍]

④ 뒤에서 （　　）이 （　　　　　　　）요.

　　[싹]

⑤ 그 손은 할아버지의 （　　　　）을 몰래 （　　　　　　　）요.

SCENE2　P102-103　　　　　　　　　　　　　　　🔊 058

⑥ 할아버지는 온천에서 나가기로 （　　　　）요.

　　[쏴악]

⑦ 그러자, "어!"

⑧ '수건이 （　　　　）!!!' '못 나가…, 어떡해…'

SCENE3　P104-105　　　　　　　　　　　　　　　🔊 059

⑨ 할아버지는 （　　　　　　　）요. [찰랑]

⑩ "저기요~, （　　　　　　） 없어요~?"

こたえ
①할아버지　②왔어　④손, 나타났어　⑤수건, 가져갔어　⑥했어　⑧없어　⑨곤란했어　⑩아무도

⑪ [조용~]

　'음….'

⑫ [두리번 두리번]

　'아무도 없나…?

⑬ (　　　　　　) 가 볼까 ?

⑭ 안 들키고 (　　　　　　)지 .'

SCENE 4 P106-107　　　🔊 060

⑮ 할아버지는 (　　　　　) 걷기 (　　　　　)요 .

⑯ (　　) 속은 아주 조용해요 .

⑰ (　　　　)도 (　　　　)도 안 보여요 .

⑱ '후후후 , (　　　　) 아무도 없어 .'

⑲ 바로 그 때(　　　　)요 .

⑳ [부스럭] [불쑥] [깜짝]

SCENE 5 P108-109　　　🔊 061

㉑ "수…, 수건이 없어져서요…."

　"아"

㉒ 세상에! 알몸의 아저씨가 (   )요.

㉓ 두 사람은 (   )에 앉아서 이야기를 (   )요.

㉔ "수건이 없어져서 (   )요."

"저도요, 하하하."

㉕ 두 사람은 (   ) 마음이 맞아서

㉖ (   ) 알몸인 것을 잊고,

㉗ 아침까지 (   )를 (   )요.

㉘ 할아버지도 아저씨도 수건은 (   )지만

친구를 (   )요.

㉙ 그런데…

두 사람의 수건은 (   ) 어디로 갔을까요?

㉚ 【원숭이 주의】

"역시 수건이 있으면, (   )~"

読んでくれてありがとう！
森の温泉でくれぐれも
タオルをなくさないように ㅋㅋ

こたえ
㉒나타났어 ㉓바위, 시작했어 ㉔놀랐어 ㉕너무나 ㉖서로 ㉗이야기, 나누었어 ㉘잃어버렸, 찾았어 ㉙도대체
㉚기분 최고

聞き取りクイズ ③

日本語で書くと同じ読みになる単語です。
どちらを発音しているかを当ててみてください!

お・か・え・り♡
そろそろ来てくれる
と思ってたわん♡
2つのルール
もう一度チェック
にね〜♡

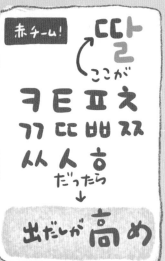

青チーム!

달
ここが↑

ㄱㄴㄷㄹ
ㅁㅂㅇㅈ
だったら↓
出だしが **低め**

赤チーム!

딸
ここが↑

ㅋㅌㅍㅊ
ㄲㄸㅃㅉ
ㅆㅅㅎ
だったら↓
出だしが **高め**

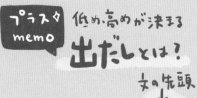

プラスα memo

低め・高めが決まる
出だしとは?

文の先頭↓   文の区切りの先頭↓
팔이 아파요

たっくさん聞いている
うちに慣れていくから
あせらずコツコツ!!
とにかく**量が大事!!!**
いっぱい聞いてね〜

韓国語は文の区切りに
スペースが入ります!
この区切りの先頭の字も
低め・高めのルールになってるよん♡

低・高 聞きかけ

さぁ〜!! クイズに **GO** ➡

第1問

ここ、よ～く聞いてみて！

↓

○ 이 예뻐요

さぁ～ どっちかな？

맞혀봐！

当ててみて！

달   따

정답은
正解は

달 이 예뻐요
月 が キレイです

스ーパームーーン
だから化粧
がんばったわ

お、お美しい◇

딸 이 예뻐요
娘 が キレイです

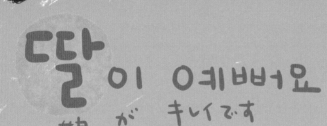

ワシの
自慢の娘じゃ

ここ、よ〜く聞いてみて！

↓

◯ 이 작아요

빵이 작아요

パン が 小さいです

ちっちゃ

방이 작아요

部屋 が 小さいです

せまくても
幸せだよん♥

第3問

065

ここ、よ〜く聞いてみて！

↓

〇이 많아요

さあ〜どっちかな？
맞혀 봐!
当ててみて！

짐　　침

정답은
正解は
침이 많아요
よだれ が 多いです
あああ
冷たい…
짐이 많아요
荷物 が 多いです
ホント!!
いろいろ必要なモノが
多いわ〜

低め、高めの順に聞いて、音の高さの違いを感じてみましょう。

第1問

달이 예뻐요
タリ　イェッポヨ
月がキレイです。

딸이 예뻐요
タリ　イェッポヨ
娘がキレイです。

第2問

방이 작아요
パンイ　チャガヨ
部屋が小さいです。

빵이 작아요
パンイ　チャガヨ
パンが小さいです。

第3問

짐이 많아요
チミ　マナヨ
荷物がタいです。

침이 많아요
チミ　マナヨ
よだれがタいです。

クイズでは文の先頭の文字だけに集中しましたが、
文の区切りの先頭(例: 달이 예뻐요の예)も出だしになるので「低め」になっています。
余裕が出てきたら、そちらにも耳を傾けてみてくださいね

出だし低いチーム
비 발
공 달 방
짐

\ひとまず/
出だしの音の高さが
2つに分けられるってコト
覚えておいてね!

出だし高いチーム
피 팔
콩 딸 빵
침

たくさん聞いて!
やったら たくさん真似する!
量が力になるよん!

131

おや
タオルじゃ
ないですか!?

タオル
みつかって
よかったニャ〜

행복이 뭐야?

しあわせって なあに？

글·그림 hime

강가에 갓파 엄마와 아들이 살고 있어요 .

갓파 꼬마는 알고 싶은 것이 많이 있어요.
매일 여러가지를 물어봐요.

"엄마, **'행복'**이 뭐야?"

"음 ~, 어렵네."

갓파 꼬마는,
오늘은 **'행복'**을 알고 싶어요.

그래서,
숲의 동물들에게 물어보기로 했어요.

"잠깐 갔다올게."

"저녁까지는
돌아와."

"행복이 뭐예요~?"

"높은 하늘을 날아다니면
행복해요."

"행복이 뭐예요?"

"맛있는 음식을 많이 먹으면
행복해."

"행복이 뭐예요?"

"따뜻한 온천에 들어가면 행복해."

갓파 꼬마는 모두에게 물어보고 다녔어요.
그러자, 어느새 밤이 되어 있었어요.

후다다닥

"빨리 집에 돌아가야 돼 ~"

슝

우
왁

철푸덕

세상에 !

갓파 꼬마는 깊은 구멍에
떨어지고 말았어요 .

"어떡해 ~"

'저녁까지는 돌아와.'

왠지, 엄마 생각만 나요.

그리고...
아무것도 못 하고
아침이
되었어요.

불쑥

후슬부슬

세상에 , 땅 속에서 갑자기 두더지가 나왔어요 .

"저런저런 , 구멍에서 떨어졌구나 ."

갓파 꼬마는 두더지에게
"강가에 있는 집에 돌아가고 싶어요."
라고 말했어요.

그러자 두더지가 말했어요.
"마침 강가까지 구멍이 필요했어."

"같이 힘내자!"

쓱

'빨리 집에 돌아가고 싶어!'

갓파 꼬마는 열심히 구멍을 팠어요.

1일, 2일, 3일,

4일, 5일, 6일….

그리고 7 일째.
빛이 보였어요.

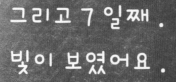

갓파 꼬마와 두더지는
드디어 밖에 나왔어요 !!

앗싸~!!

눈 부셔~ㅋ

일주일만의 햇빛이 눈부셔서
눈을 뜰 수 없어요.

아들아~

아들아~

목소리가 점점 가까워져요.

아들아

갓파 꼬마는 겨우
눈을 떴어요. 그러자...

"내 아들 ~"

"어 …, 엄마 ~."

"숨 막혀 ~"

꽈악

엄마가 눈 앞에 있었어요!
그리고 저를 꽈~~~~~~~악
안아 주었어요.

갓파 엄마와 아들은 오늘도 강가에 있어요.

'엄마하고 같이 있으면 마음이 **따끈따끈**.
혹시 이 기분이 '행복'이 아닐까...?'

"많이 먹어."

"오이 맛있다~"

차근차근 알아봐요~

のんびりできるって幸せだね。
穴に落ちて大変だったけど、いい勉強になったよ。
このおはなしは、1話から学んだ文法が
ぎゅっと詰まっているよ！
繰り返し読んだり聞いたりしてみて！

SCENE 1　🔊 068

カンカエ　カッパ　オンマワ　アドゥリ
강가에 갓파 엄마와 아들이
サルゴ　イッソヨ
살고 있어요.

川のほとりにカッパのお母さんと息子が
住んでいます。

カッパ　コマヌン　アルゴ　シプン　ゴシ
갓파 꼬마는 알고 싶은 것이
マニ　イッソヨ　メイル　ヨロガジルル　ムロブァヨ
많이 있어요. 매일 여러가지를 물어봐요.
オンマ　ヘンボギ　ムォヤ　ウム　オリョムネ
"엄마, '행복'이 뭐야?" "음~, 어렵네."

カッパの坊やは知りたいことがたくさんあります。
毎日いろいろなことを尋ねます。
「お母さん、『しあわせ』ってなあに?」
「うーん、難しいね。」

カッパ　コマヌン　オヌルン　ヘンボグル　アルゴ　シボヨ
갓파 꼬마는, 오늘은 '행복'을 알고 싶어요.
クレソ　スプィ　トンムルドゥレゲ　ムロボギロ　ヘッソヨ
그래서, 숲의 동물들에게 물어보기로 했어요.

カッパの坊やは、今日は「しあわせ」を知りたいです。
それで、森の動物たちに尋ねることにしました。

チャムカンカッタオルケ
"잠깐 갔다올게."
チョニョッカジヌン　トラワ
"저녁까지는 돌아와."

「ちょっと行って来るね」
「夕方までには帰るのよ」

134　135

SCENE 2　🔊 069

ヘンボギ　ムォエヨ
"행복이 뭐예요~?"
「しあわせって何ですか~?」
ノプン　ハヌルル
"높은 하늘을
ナラダニミョン　ヘンボケヨ
날아다니면 행복해요."
「高い空を飛び回れば幸せです」

マシンヌンウムシグル　マニ
맛있는 음식을 많이
ヘンボギ　ムォエヨ
"행복이 뭐예요?"
モグミョン　ヘンボケ
먹으면 행복해.
「しあわせって　「おいしい食べ物をたくさん
何ですか?」　食べれば幸せだよ」

ヘンボギ　ムォエヨ
"행복이 뭐예요?"
「しあわせって何ですか?」
タットゥタン　オンチョネトゥロガミョン　ヘンボケ
"따뜻한 온천에 들어가면 행복해."
「温かい温泉に入れば幸せだよ」

カッパ　コマヌン　モドゥエゲ
갓파 꼬마는 모두에게
ムロボゴ　タニョッソヨ
물어보고 다녔어요.
クロジャ　オヌセ　バミ　トゥエオ　イッソッソヨ
그러자, 어느새 밤이 되어 있었어요.

カッパの坊やは、みんなに尋ねて回りました。
すると、いつの間にか夜になっていました。

フタダダク　タタタ

バルリ　チベ　トラガヤ　トゥエ
"빨리 집에 돌아가야 돼~"
「早く帰らなくちゃ」

シュン　ヒュー
우악　ウワッ

「ウワッ」

136　137

7日間も掘ったら ムキムキになっちゃったよ

SCENE 3 070

철푸덕 (チョルプドク) ドサッ

'저녁까지는 돌아와.' (チョニョッカジヌン トラワ)
『夕方までには帰るのよ』

세상에! 갓파 꼬마는 (セサンエ カッパ コマヌン)
깊은 구멍에 떨어지고 말았어요. (キプン クモンエ トロジゴ マラッソヨ)
なんと、カッパの坊やは
深い穴に落ちてしまいました。

왠지, 엄마 생각만 나요. (ウェンジ オンマ センガンマン ナヨ)
なぜか、お母さんの
ことばかり思い出します。

"어떡해~" (オットッケ)
「どうしよう～」

그리고… 아무것도 못 하고 (クリゴ アムゴット モタゴ)
아침이 되었어요. (アチミ トゥエオッソヨ)
そして…何もできず
朝になりました。

불쑥 (ブルスク)
…にゅ

후슬부슬 (フスルブスル)
ポロポロ

138 · 139

SCENE 4 071

오! 안녕? (アンニョン)
「お！おはよう！」

갓파 꼬마는 두더지에게 (カッパ コマヌン トゥドジエゲ)
"강가에 있는 집에 돌아가고 싶어요."라고 말했어요. (カンガエ インヌン チベ トラガゴ シポヨ ラゴ マレッソヨ)
カッパの坊やは、モグラに
「川のほとりにある家に帰りたいです」と言いました。

세상에, 땅 속에서 갑자기 두더지가 나왔어요. (セサンエ タンソゲソ カッチャギ トゥドジガ ナワッソヨ)
"저런저런, 구멍에서 떨어졌구나." (チョロンジョロン クモンエソ トロジョックナ)
なんと、土の中から急にモグラが出て来ました。
「おやおや、穴から落ちたんだね」

그러자 두더지가 말했어요. (クロジャ トゥドジガ マレッソヨ)
"마침 강가까지 구멍이 필요했어." (マチム カンガッカジ クモンイ ピリョヘッソ)
すると、モグラが言いました。
「ちょうど川のほとりまで穴が必要だったよ」

응 (ウン)
うん

쑥 サッ (スク)

"같이 힘내자!" (カチ ヒムネジャ)
「一緒に頑張ろう！」

140 · 141

ネ アドゥル
"내 아들~"
「私の坊や~」

オ… オンマ
"어…, 엄마"
スン マッキョ
"숨 막혀~"
「お、お母さん~」
「息ができない~」

꽈악 クァアク
キュ~

オンマガ ヌナペ イッソッソヨ
엄마가 눈 앞에 있었어요!
クリゴ チョルルクァ アク アナ チュオッソヨ
그리고 저를 꽈~~~~~~악 안아 주었어요.
お母さんが目の前にいました!
そして僕をギュ~~~~~~ッと
抱きしめてくれました。

146

カッパ オンマワ アドゥルン オヌルド カンカエ イッソヨ
갓파 엄마와 아들은 오늘도 강가에 있어요.
カッパのお母さんと息子は、
今日も川のほとりにいます。

オンマハゴ カチ イッスミョン マウミ タックンタックン
엄마하고 같이 있으면 마음이 따끈따끈.
ホクシ イ キブニ ヘンボギ アニルカ
혹시 이 기분이 '행복'이 아닐까…?
「お母さんと一緒にいると心がホカホカ。
もしかして、この気持ちが『しあわせ』じゃないかな…?」

オイ マシッタ
"오이 맛있다~"
マニ モゴ
"많이 먹어."
「きゅうりおいしー」
「たくさんお食べ」

147

韓国語で「お母さん」は
「엄마」と「어머니」があります。
前者は子どもっぽく、後者は大人な呼び方です。
でも、大人になっても親しみのある
「엄마」と呼ぶ人は多いです。
お母さんの方も、自分の子どものことを愛情をこめて
「내 아들（私の息子）」「우리 딸（私たちの娘）」
と呼んだりしますよ。

単語リスト

행복이뭐야? **しあわせってなぁに?**

🔊 075

SCENE 1 P134-135

☐ 강가 カンガ	川のほとり	☐ 물어보다 ムロボダ	尋ねる
☐ 갓파 カッパ	かっぱ	☐ 어렵다 オリョプタ	難しい
☐ 엄마 オンマ	お母さん	☐ 잠깐 チャムカン	ちょっと、少しの間
☐ 아들 アドゥル	息子	☐ 갔다오다 カッタオダ	行ってくる
☐ 살다 サルダ	住む、暮らす	☐ 저녁 チョニョク	夕方
☐ 알다 アルダ	知る	☐ 돌아오다 トラオダ	帰ってくる
☐ 것 コッ	こと、もの		

SCENE 2 P136-137

☐ 높다 ノプタ	高い	☐ 어느새 オヌセ	いつの間にか
☐ 하늘 ハヌル	空	☐ -이/가 되다 イ ガ トゥェダ	～になる
☐ 날아 다니다 ナラダニダ	飛び回る	☐ (動詞)-고 다니다 ゴ タニダ	～して回る
☐ 따뜻하다 タットゥタダ	温かい	☐ (動詞)-아/어 있다 ア オ イッタ	～している

SCENE 3 P138-139

☐ 깊다 キプタ	深い	☐ -생각만 나다 センガンマンナダ	～のことばかり思い出す
☐ 구멍 クモン	穴		
☐ 떨어지다 トロジダ	落ちる	☐ 아무것도 アムゴット	何も
☐ 왠지 ウェンジ	なぜか	☐ 못 하다 モタダ	できない
		☐ (動詞)-고 말다 ゴ マルダ	～してしまう

- ☐ ^{タン}땅　　地面、土
- ☐ ^{カプチャギ}갑자기　　急に
- ☐ ^{トゥドジ}두더지　　モグラ
- ☐ ^{ナオダ}나오다　　出る、出てくる
- ☐ ^{マチム}마침　　ちょうど
- ☐ ^{ピリョハダ}필요하다　　必要だ

- ☐ ^{ヒムネダ}힘내다　　頑張る
- ☐ ^{ラゴ　マラダ}-라고 말하다　　〜と言う
- ☐ (動・形)-^{グナ}구나　　〜んだね
- ☐ (動詞)-^{ジャ}자　　〜しよう（勧誘）

- ☐ ^{ヨルシミ}열심히　　一生懸命
- ☐ ^{パダ}파다　　掘る

- ☐ ^{ピッ}빛　　光
- ☐ ^{バク}밖　　外
- ☐ ^{イルチュイル}일주일　　一週間
- ☐ ^{ヘッビッ}햇빛　　日の光
- ☐ ^{ヌンブシダ}눈부시다　　まぶしい
- ☐ ^{ヌヌル　トゥダ}눈을 뜨다　　目を開ける
- ☐ ^{モクソリ}목소리　　声

- ☐ ^{チョムジョム}점점　　だんだん
- ☐ ^{カッカウォジダ}가까워지다　　近くなる、近づく
- ☐ ^{キョウ}겨우　　やっと
- ☐ -^{チェ}째　　〜目、〜番目
- ☐ -^{マン}만　　〜ぶり
- ☐ (動詞)-^{ル　ウルス　オプタ}ㄹ/을 수 없다
　　　　　　〜することができない

SCENE 7 P146-147

□ 숨(이) 막히다　<ruby>スミ<rt></rt></ruby>（イ）<ruby>マキダ<rt></rt></ruby>　息ができない

□ 안다　<ruby>アンタ<rt></rt></ruby>　抱きしめる

□ 혹시　<ruby>ホクシ<rt></rt></ruby>　もしかして

□ 이　<ruby>イ<rt></rt></ruby>　この

□ 오이　<ruby>オイ<rt></rt></ruby>　きゅうり

□ -이/가 아니다　<ruby>イ ガ アニダ<rt></rt></ruby>　〜ではない

□ (動詞)-아/어 주다　<ruby>ア オ チュダ<rt></rt></ruby>
　〜してあげる、〜してくれる

日にちの数え方

□ 1일(일일)　1日
□ 2일(이일)　2日
□ 3일(삼일)　3日
□ 4일(사일)　4日

□ 5일(오일)　5日
□ 6일(육일)　6日
□ 7일(칠일)　7日

形容詞で名詞を修飾する

（形容詞）＋ 은 / ㄴ ＋ 名詞

「小さい○○（名詞）」「幸せな○○（名詞）」のように、形容詞で名詞を修飾する時は、基本形から少し形を変える必要があります。

「다」の前にパッチムがあれば「은」を、パッチムがなければ「ㄴ」をつけて、名詞につなげれば完成です。

*있다、없다で終わる形容詞は、下記の方法ではなく、右ページの方法になりますのでご注意を！

「다」の前にパッチムあり → 高い 놀다 ＋ 山 산
↓
높은 산
「은」つける

名詞に形容詞をつける時は은か ㄴをつけてつなげるよ〜！

「다」の前にパッチムなし あたたかい 따뜻하다 ＋ お茶 차
↓
따뜻한 차
「ㄴ」つける

①다の前のパッチムを確認	②다をとる	③은/ㄴをつける	④＋名詞	完成
あり	ノプタ **놀다** 高い	ン ＋**은**	ハヌル ＋**하늘** 空	ノプン　　ハヌル **놀은 하늘** 高い　　空
なし	タットゥタダ **따뜻하다** 温かい	ン ＋**ㄴ**	オンチョン ＋**온천** 温泉	タットゥタン　オンチョン **따뜻한 온천** 温かい　温泉

-있다/없다で名詞を修飾する
- 있는 / 없는 + 名詞

形容詞の中には「있다」または「없다」で終わるものがあります。
この場合は、シンプルに「는」をつけて名詞とつなげます。
＊基本的に、「- 있다」を「- 없다」にすると、反対の意味になります。

例 맛있다（おいしい）　멋있다（かっこいい）　재미있다（おもしろい）
　 맛없다（まずい）　 멋없다（かっこ悪い）　재미없다（つまらない）

①있다/없다で 終わる場合	②다をとる	③는を つける	④＋名詞	完成	
イッタ 있 다	マシッタ 맛있 다 おいしい	ヌン ＋ 는	ウムシク ＋ 음식 食べ物	マシンヌン ＝ 맛 있 는 おいしい	ウムシク 음식 食べ物
オプタ 없 다	チェミオプタ 재 미 없 다 つまらない		ヨンファ ＋ 영화 映画	チェミオムヌン ＝ 재 미 없 는 つまらない	ヨンファ 영화 映画

音声を聞いて（　　）をうめてみよう！
もっと上達したい人は、1行全て聞き取って書いてみましょう！

SCENE 1　P134-135　🔊 **076**

① 강가에 갓파 엄마와 아들이 （　　　　　　　　　　）요.

② 갓파 꼬마는 （　　　　　　　　　） 것이 많이 있어요.

③ 매일 （　　　　　　　　　）를 물어봐요.

④ "엄마, '행복'이 뭐야?" "음~, 어렵네."

⑤ 갓파 꼬마는, 오늘은 '행복'을 （　　　　　　　　）요.

⑥ 그래서, 숲의 동물들에게 （　　　　　　　　　） 했어요.

⑦ "（　　　　　） 갔다올게."

⑧ "（　　　　　）까지는 돌아와."

SCENE 2　P136-137　🔊 **077**

⑨ "행복이 뭐예요~?"

　　"（　　　　　） 하늘을 날아다니면 행복해요."

⑩ "행복이 뭐예요?"

　　"（　　　　　　　） 음식을 많이 먹으면 행복해."

⑪ "행복이 뭐예요?"

　　"（　　　　　　） 온천에 들어가면 행복해."

⑫ 갓파 꼬마는 （　　　　）에게 물어보고 （　　　　　）요.

⑬ 그러자, 어느새 （　　　）이 되어 있었어요.

⑭ "（　　　　） 집에 돌아가야 돼~"

⑮ [후다다닥] "우왁" [슝]

こたえ

❶살고 있어　❷알고 싶은　❸여러가지　❺알고 싶어　❻물어보기로　❼잠깐　❽저녁　❾높은　❿맛있는
⓫따뜻한　⓬모두, 다녔어　⓭밤　⓮빨리

SCENE 3　P138-139 🔊 **078**

⑯ [철푸덕]

　세상에 ! 갓파 꼬마는 (　　　　　　　　) 에 떨어지고 말았어요 .

⑰ "어떡해 ~"

⑱ '저녁까지는 (　　　　　　) .'

⑲ (　　　　) , 엄마 생각만 나요 .

⑳ 그리고… 아무것도 못 하고 (　　　　) 이 되었어요 .

　[불쑥] [후슬부슬]

SCENE 4　P40-141 🔊 **079**

㉑ "오 ! 안녕 ?"

㉒ 세상에 , 땅 속에서 (　　　　　　) 두더지가 (　　　　　　　) 요 .

㉓ "저런저런 , 구멍에서 떨어졌구나 ."

㉔ 갓파 꼬마는 두더지에게

㉕ "강가에 (　　　　) 집에 돌아가고 싶어요 ."

㉖ 라고 말했어요 .

㉗ 그러자 두더지가 말했어요 .

㉘ "마침 강가까지 구멍이 (　　　　　) 어 ."

㉙ "(　　　　) 힘내자 !"

SCENE 5　P142-143 🔊 **080**

㉚ '빨리 집에 돌아가고 싶어 !'

㉛ 갓파 꼬마는 (　　　　　　　) 구멍을 팠어요 .

㉜ 1 일 , 2 일 , 3 일 , 4 일 , 5 일 , 6 일… .

こたえ

⑯깊은 구멍　⑱돌아와　⑲왠지　⑳아침　㉒갑자기, 나왔어　㉕있는　㉘필요했　㉙같이　㉛열심히

159

聞こえる日は必ず来るよ！
諦めないでね！

SCENE 6 P144-145　081

㉝ 그리고 7 일(　　　).
빛이 보였어요 .

㉞ 갓파 꼬마와 두더지는 (　　　　　　) 밖에 (　　　　　　)요 !!

㉟ “앗싸 ~!!”
“눈 부셔 ~”

㊱ (　　　　　　)만의 햇빛이 눈부셔서 눈을 뜰 수 없어요 .

㊲ “아들아 ~” “아들아 ~”
목소리가 (　　　　) 가까워져요 .

㊳ 갓파 꼬마는 (　　　　) 눈을 떴어요 . 그러자…
“아들아 !!”

SCENE 7 P146-147　082

㊴ “내 아들 ~”
“어…, 엄마 ~”
[꽈악]
“숨 막혀 ~”

㊵ 엄마가 눈 앞에 (　　　　　　)요 !

㊶ 그리고 저를 꽈 ~~~~~~~ 악 안아 주었어요 .

㊷ 갓파 엄마와 아들은 오늘도 (　　　　　　) 있어요 .

㊸ ‘엄마하고 같이 (　　　　　　) 마음이 따끈따끈 .

㊹ (　　　　) 이 기분이 ‘(　　　　)’ 이 아닐까…?’

㊺ “오이 맛있다 ~”
“많이 먹어 .”

読んでくれて
本当にありがとうございます！
今度きゅうりごちそうしますね♡
꽈악

こたえ

㉝째　㉞드디어, 나왔어　㊱일주일　㊲점점　㊳겨우　㊵있었어　㊷강가에　㊸있으면　㊹혹시, 행복

★ 出てきた表現一覧

1話～5話までに出てきた表現の一覧です。
各表現がどんなシーンで使われていたかを確認できるように、掲載ページを書いておきました。
あちこちで使われた表現は、よく使うということになりますので、早めに覚えておきましょう！

ㄱ

-겠지	～だろう	안 들키고 갈 수 있겠지. ▶P.105
-고	～して、～くて	여기저기 구경하고 사진 찍고…. ▶P.83
		안 들키고 갈 수 있겠지. ▶P.105
		서로 알몸인 것을 잊고 (…) ▶P.109
		아무것도 못 하고 아침이 되었어요. ▶P.139
-고 다니다	～して回る	모두에게 물어보고 다녔어요. ▶P.137
-고 말다	～してしまう	구멍에 떨어지고 말았어요. ▶P.138
-고 싶다	～したい	빨리 들어가고 싶다~ ▶P.51
		마지막으로 친구를 소개하고 싶어요! ▶P.84
		알고 싶은 것이 많이 있어요. ▶P.135
		오늘은 '행복'을 알고 싶어요. ▶P.135
		강가에 있는 집에 돌아가고 싶어요. ▶P.141
		빨리 집에 돌아가고 싶어! ▶P.142
-고 있다	～している	무슨 요리를 만들고 있을까요? ▶P.12
		여기에 와서 힘을 받고 있어요. ▶P.85
		모두에게 힘을 주고 있어요. ▶P.87
-구나	～んだね	구멍에서 떨어졌구나. ▶P.140
-기 시작하다	～し始める	천천히 걷기 시작했어요. ▶P.106
-기로 하다	～することにする	온천에서 나가기로 했어요. ▶P.102
		숲의 동물들에게 물어보기로 했어요. ▶P.135

ㄴ

-나?	～かな？	아무도 없나? ▶P.105
-네	～だね	도쿄의 카페도 멋지네요! ▶P.83
		음~, 어렵네. ▶P.135

- ㄹ/을 때   ~する時   피곤할 때나, 고민이 있을 때 (⋯) ▶P.85

- ㄹ/을 수 없다   ~することができない   눈을 뜰 수 없어요. ▶P.144

- ㄹ/을 수 있다   ~することができる   안 들키고 갈 수 있겠지. ▶P.105

- ㄹ/을게   ~するね (意志)   그럼, 제가 먹을게요! ▶P.79
      서울에 돌아갈게요! ▶P.86
      금방 갈게요~ ▶P.87

- ㄹ/을까?   ~しようか、~だろうか   무슨 요리를 만들고 있을까요? ▶P.12
      다음은 뭐로 할까 ▶P.51
      초밥을 먹으러 갈까요? ▶P.78
      다음은 쇼핑을 하러 갈까요? ▶P.80
      서울은 괜찮을까? ▶P.86
      이대로 가 볼까? ▶P.105
      도대체 어디로 갔을까요? ▶P.111
      이 기분이 '행복'이 아닐까? ▶P.147

ㅇ

-아/어 보다   ~してみる   꼭 넣어 보세요. ▶P.25
      이대로 가 볼까? ▶P.105

-아/어 있다   ~している   밤이 되어 있었어요. ▶P.137

-아/어 주다   ~してあげる、~してくれる   그리고 저를 꽈악 안아 주었어요. ▶P.146

-아/어 주세요   ~してください   도쿄를 안내해 주세요. ▶P.77
      ㅇㅋ 맡겨 주세요!! ▶P.78

-아/어도 되다   ~してもいい、~くてもいい   저도 같이 들어가도 돼요? ▶P.19

-아/어서   ~ので、~くて   라면이 들어가서 떡볶이가 아니에요. ▶P.20
      줄을 서서 기다려야 돼요. ▶P.42
      태어나서 처음이에요. ▶P.50
      옷은 작아서 못 입어요. ▶P.81
      여기에 와서 힘을 받고 있어요. ▶P.85
      수건이 없어져서 놀랐어요. ▶P.109
      두 사람은 바위에 앉아서 (⋯) ▶P.109
      두 사람은 너무나 마음이 맞아서 (⋯) ▶P.109
      일주일만의 햇빛이 눈부셔서 (⋯) ▶P.144

★ 出てきた擬態語・擬声語一覧

暗記するだけではなく
使いこなせる！をめざそう ♡

最後まで読んでくださってありがとうございます！

ここまで読んでいただけただけでも感激ですが、
もしも、記憶に残っているシーンやセリフが1つでもあったら、これ以上ない幸せです。

語学の勉強は、楽器や運動と同じで、
語学力を身につけるためにはコツコツと続けるしかありません。
どうしても、苦行になりがちなので、
そこをなんとか楽しくできるコンテンツが作れないかと日々考えております。

記憶は、感情と密接な関係があり、
感情が動いたことは記憶に残りやすいというしくみになっています。
このしくみを利用してできたのが、今回の本です。
ストーリー、シチュエーション、声の演技など、
いろいろな要素で単語や文法の使い方をつかんでほしいです。

また、単語や文法をただ増やしていくのではなく、つかんだ単語や表現を、
独り言でもよいので、どんどん使ってみてください。
たくさん使っているうちに、使いこなせるようになりますよ！

類を見ない本でストーリーを作ったり、イラストを書いたりと大変でしたが、
その他いろいろこだわりがつまっています。
編集、デザインなどは、
前作「イラストで覚える　hime式 たのしい韓国語単語帳」シリーズの
制作メンバーが全力でサポートしてくださいました。
メンバーたちの熱い思いで、予想以上に面白い本が完成したのではないでしょうか！

この本に出合った方々が、
韓国旅行で会話が聞き取れたり、推しの話すことがわかったりと、
韓国語ライフがより豊かになることを心から願っております！

hime

167

ハングル 日本語 索引

169

著者

hime

韓国語学習書作家、イラストレーター。累計35万部を超える韓国語教材「hime式」シリーズの著者。35歳でそれまで勤めていた会社を辞め、韓国へ語学留学、高麗大学語学堂6級修了。帰国後に始めた韓国ブログ「アラフォーから韓国マニアの果てなき野望！」が人気となり仕事の幅を広げる。現在は韓国語教材の執筆、イラスト、デザインなどを手がけながら、東京浅草橋のhime shopを運営(オンラインショップもあり)。Made in Koreaのバッグの企画・制作・販売を行う。店舗には韓国語を学習している人も多く来店し、学習の悩みを聞いたり、アドバイスなどもしている。著書は『イラストで覚える hime式 たのしい韓国語単語帳』(高橋書店)、『hime式 イラスト&書いて覚える韓国語文法ドリル』(KADOKAWA)など多数。
Instagram / @hime.kmania
X(旧Twitter) / @himekmania

絵とストーリーで学ぶ　hime式韓国語

著　者　hime
発行者　高橋秀雄
発行所　株式会社 高橋書店
　　　　〒170-6014 東京都豊島区東池袋3-1-1 サンシャイン60 14階
　　　　電話　03-5957-7103

ISBN978-4-471-11266-0　©HIME　Printed in Japan